나는 왜 따뜻한 대화가 힘들까

Robert Burdy, Wir müssen reden – aber richtig!:
Die Kraft der emotional intelligenten Kommunikation
Originally Published in 2024 by Verlag Herder GmbH, Freiburg im Breisgau.

Copyright ⓒ 2024 by Verlag Herder GmbH.
All rights reserved.

Korean Translation Copyright ⓒ 2025 by The Business Books and Co., Ltd.
This Korean edition was published by arrangement with
Verlag Herder GmbH, Freiburg, through MOMO Agency, Seoul.

이 책의 한국어판 저작권은 모모 에이전시를 통해
저작권자와 독점 계약을 맺은 (주)비즈니스북스에게 있습니다.
저작권법에 의해 국내에서 보호를 받는 저작물이므로 무단 전재와 복제를 금합니다.

나는 왜 따뜻한 대화가 힘들까

감성부터 파고드는 8가지 말하기 도구

로베르트 버디 지음 · 김현정 옮김

비즈니스북스

나는 왜 따뜻한 대화가 힘들까

1판 1쇄 인쇄 2025년 4월 15일
1판 1쇄 발행 2025년 4월 22일

지은이 | 로베르트 버디
옮긴이 | 김현정
발행인 | 홍영태
편집인 | 김미란
발행처 | (주)비즈니스북스
등 록 | 제2000-000225호(2000년 2월 28일)
주 소 | 03991 서울시 마포구 월드컵북로6길 3 이노베이스빌딩 7층
전 화 | (02)338-9449
팩 스 | (02)338-6543
대표메일 | bb@businessbooks.co.kr
홈페이지 | http://www.businessbooks.co.kr
블로그 | http://blog.naver.com/biz_books
페이스북 | thebizbooks
인스타그램 | bizbooks_kr

ISBN 979-11-6254-419-8 03190

* 잘못된 책은 구입하신 서점에서 바꾸어 드립니다.
* 책값은 뒤표지에 있습니다.
* 비즈니스북스에 대한 더 많은 정보가 필요하신 분은 홈페이지를 방문해 주시기 바랍니다.

비즈니스북스는 독자 여러분의 소중한 아이디어와 원고 투고를 기다리고 있습니다.
원고가 있으신 분은 ms1@businessbooks.co.kr로 간단한 개요와 취지, 연락처 등을 보내 주세요.

추천의 글

우리는 '제대로' 대화해야 합니다

오늘날 세상이 돌아가는 상황을 보다 보면 때때로 말문이 막힐 때가 많다. 하지만 그럴 때일수록 우리는 서로 대화해야 한다. 인간은 서로 의존하며 함께 살아가는 사회적 존재다. 그런 까닭에 만약 우리가 서로 대화하지 않는다면 결국 길을 잃고 여러 문제들에 대한 해결책을 찾지 못하게 될 것이다. 다른 사람과 대화를 나누고 삶의 중요한 가치들에 대해 가르침을 얻지 못하면 우리는 생존은 물론이고 성장도 할 수 없다.

인간의 뇌는 평생에 걸쳐 학습할 수 있는 가소성Plasticity을 지녔다. 그렇기에 우리는 모든 경계와 이념의 벽을 넘어 서로 대화하고 배울 수 있으며 삶에서, 특히 공동체 안에서 발생하는 필연적인 문제들에 대한 해결책을 함께 모색할 수 있다. 무언가를 끊임없이 찾고 추구하면서 인간은 그리고 사회는 혼란의 소용돌이에 빠질 수밖에 없다. 그러므로 우리는 더 깊은 혼란에 빠져버리기 전에 '제대로' 대화해야 한다.

   분명한 사실을 하나 말하자면, 우리는 지금까지 제대로 대화하지 못했다. 만약 제대로 대화했다면 이렇게 많은 문제가 발생했을 리 없다. 사람들이 서로 대화하기를 원하지 않고, 때로 그러지 못하는 이유는 평생 살아오면서 서로 다르고 종종 타협할 수 없는 생각과 확고한 신념들을 자신의 뇌에 차곡차곡 쌓아왔기 때문이다. 뇌에 구조적으로 굳게 자리 잡은 삶에 대한 이 같은 확고한 생각과 신념, 태도는 우리가 다른 생각과 신념, 태도를 가진 사람들에게 다가가고 그들과 생각을 나누지 못하게 방해한다.

   우리가 서로에게 다가가 대화하기를 두려워하는 데는 사실 매우 진부한 이유가 있다. 어른으로 성장하면서 갈등을 대립이나 저항, 말하자면 넓은 의미의 싸움이나 전쟁이 아닌 다른 방식으로 해결해본 경험이 없기 때문이다. 우리는 이미 부모와 형제자매가 있는

가정에서, 유치원에서, 학교와 직장에서 그리고 그 어느 곳보다 갈등이 분명하게 드러나는 정당과 협회에서 성공적으로 지도자 위치에 오르고자 할 때, 어떤 식으로 갈등을 해결해야 효과적인지 자주 경험하고 또 목격했다. 서로 대화로 풀어가기보다 남들보다 어떻게든 뛰어나게 굴어서 명령하고 지시하고 다른 사람을 무참히 짓밟고 배척하고 괴롭히고 비방하는 등 그렇게 하는 것이 가장 손쉬운 해결책이었다. 그리고 이러한 방식은 여러 세대에 걸쳐 이어져 왔다.

이런 상황에서 어떻게 해야 갈등을 폭력 없이 해결할 수 있을까? 어떻게 하면 서로를 내몰지 않고 따뜻하게 대화할 수 있을까?

이제 우리는 정말로 '제대로 대화하는 법'을 알아야 한다. 더 이상 끊임없이 서로 빗나가는 말을 하거나 모두가 자기 말만 하겠다며 큰 소리 내지 말아야 한다. '우리는 다시 대화해야 한다.' 이 말은 어쩌면 틀렸다고 할 수 있다. 다시 대화를 해야 한다는 말은 과거에는 제대로 대화를 했다는 뜻인데, 지금까지 우리는 한 번도 제대로 대화를 해본 적이 없기 때문이다. 전 세계는 항상 전투적인 태도로 문제를 해결하려고 했고 그게 어느 정도 효과도 있었다. 하지만 이제는 달라져야 한다. 우리의 지속적인 존재를 위협하는 수많은 문제들 앞에서 우리는 이제 역사상 처음으로, 아니 마침내 서로 제대로 대화하는 법을 배워야 한다.

로베르트 버디의 이 책은 이를 위한 좋은 토대가 될 수 있다. 이 책에서 저자는 오직 소수의 사람들만이 해내는 엄청난 성취를 이루었다. 바로 책을 읽는 독자들에게 모범적인 방식으로 '새로운 경험'을 선사한 것이다. 이는 절대 간단한 일이 아니다.

뿐만 아니라 그는 독자들이 지금까지 실행에 옮기지 못했던 많은 것을 인식하게 도와준다. 저자는 때때로 어떤 지점에서 우리를 살짝 밀어붙이며 그냥 한번 시도해보라고 자극하기도 한다. 제대로 대화하는 것은 마술이 아니라 마음만 먹으면 누구나 할 수 있는 일이라고, 용기를 내지 못하는 독자들을 위해 저자는 구체적인 사례와 경험을 반복해서 제시하며 사람들이 쉽게 시도하도록 영감을 준다. 차갑고 날카로운 말로 서로의 신경을 건드리는 것이 아니라 '따뜻하게 대화한다'는 것이 무엇인지 경험하도록 독려한다.

우리는 스스로 타인을 변화시킬 수 있다고 생각하면서 끊임없이 노력하지만, 사실 뇌과학자의 관점에서 보면 이는 불가능한 일이다. 우리는 보상이나 처벌, 훈련과 교정을 통해서 타인을 원하는 방향으로 변화시킬 수 있다고 생각한다. 그러나 이러한 행동의 기반이 되는 내면의 자세, 즉 태도는 이런 외부적 요인에 거의 영향을 받지 않는다. 놀랍게도 보상이 사라지거나 처벌이 더 이상 효과를 발휘하지 못하면 통제되던 행동이 곧바로 다시 나타난다.

그렇다면 내적 태도는 어떻게 바꿀 수 있을까? 바로 '과거의 문제를 해결한 경험'이다. 우리의 내적 태도는 오직 문제를 해결한 새로운 경험을 통해서만 바꿀 수 있다. 누구도 이를 외부에서 가지고 오거나 강요하거나 가르칠 수는 없다. 이는 다른 사람이 새로운 경험을 하고, 새로운 관점을 취하며, 새로운 해결책을 시도하게끔 영감을 주고 용기를 북돋아주는 사람만이 할 수 있는 일이다. 이 방법을 알고 싶은 분들에게 이 책을 추천한다.

책을 읽다 보면 자신의 대화 방식이 눈에 띄게 달라지고 있다는 사실을 점차 깨닫게 될 것이다. 그리고 나는 그런 변화된 당신이 제대로 대화하는 법을 알고 싶어 하는 다른 사람들에게도 새로운 경험을 선사하고 영감을 줄 수 있으리라 믿는다. 우리는 묻는 말에 정확히 대답해주는 대화형 인공지능이 아닌 한 명의 인간이니까 말이다.

뇌과학자

게랄트 휘터 Gerald Hüther

들어가며

당신의 말이 소리가 아닌 '소통'이 되려면

나의 친한 친구가 이 책의 첫 문장을 '나도 제대로 대화하지 못한다!'로 시작하는 것이 어떻겠냐고 조언한 적이 있다. 그는 얼굴에 한껏 미소를 지으면서 이 말을 했다. 나는 이 친구의 말이 아이러니한 농담인지, 아니면 저자로서 겸손한 태도를 취하라는 뜻에서 한 말인지 아직도 잘 모르겠다. 그러니까 '나도 제대로 대화하지 못한다'는 말이 완전히 틀린 말은 아닌 것이다.

 이 책을 쓰고 있는 나 역시 이제껏 주변 사람들과 제대로 대화하지 못해 인간관계가 단절되고, 사랑하는 사람에게 상처를 주고, 진행했던 프로젝트에서 물을 먹기도 했다. 감성지능적 소통 Emotional Intelligent Communication이란 무엇이고 이를 어떻게 해야 하는지에 대한 이야기를 수십 년 동안 해왔지만, 나는 여전히 실수에서 자유롭지 못하다.

사실 '감성지능적 소통'은 아마도 우리 중 누구도 완전히 그리고 지속적으로 달성하기 힘든 이상향과도 같은 목표다. 대화 당사자들이 자신의 요구와 상대방의 요구를 인식하고 공감을 기반으로 반응하는 대화, 상대에게 자기 뜻을 주장하기보다는 서로 연대감을 다지려는 시도가 쉬울 리 있겠는가. 그럼에도 우리는 매일 조금씩, 더 자주 이러한 시도들을 해나가야 한다. 그리고 서로 대화할 때 내가 정말로 하려고 하는 말이 무엇인지 의식적으로 생각할 수 있어야 한다.

철학자이자 심리 치료사, 커뮤니케이션 전문가인 파울 바츨라빅 Paul Watzlawick은 소통에 대해 이렇게 말했다. "인간은 소통하지 않을 수 없다." 맞다. 우리는 늘, 항상 소통하고 있다. 심지어 말로 대화하지 않는 사람들과도 말이다! 하지만 우리가 주변 사람들에게 전하는 메시지는 때때로 우리 의도와 다르게 전달되곤 한다. 그래서 바츨라빅의 말을 언어적 및 내용적 측면에서 조금 극단적으로 표현하자면 이렇게 쓸 수도 있다. "우리는 소통할 수 없을 때조차 소통하지 않을 수 없다."

그렇다면 우리는 왜 서로를 이해하는 방식으로 대화하지 못할까? 그 대답은 충격적일 정도로 간단하다. 우리가 살아가면서 지녀야 하는 가장 중요한 능력을 제대로 배우지 못했기 때문이다. 부모들은 그저 자녀에게 말하는 법을 가르치는 데 만족한다. 그러나 이때 '어떻게' 뿐만 아니라, '무엇을' 말해야 하는지도 가르쳐야 한다는 중요한 사실을 대부분 간과한다. 아기가 옹알이를 멈추고 말을 하기를 바라면서 단지 정해진 규칙에 따라 약속된 소리를 내는 법을 가르칠 뿐이다. 그렇게 그들은 아이들이 말을 시작하는 모습에 매우 기뻐한다. 그러다가 어느 순간, 아이들이 자라고 부모에게 상처 주는 말을 내뱉기 시작하면 아기처럼 울기만 했던 때가 좋았다고 생각한다. 하지만 때는 너무 늦었다. 아이들이 이미 '말소리를 내는 법'을 배웠으니까. 아이들이 이 능력으로 무엇을 할지는 전적으로 그들에게 달려 있다. 이러한 점에서 볼 때 어른이 되어서도, 심지어 회사의 경영진이나 의회 같은 높은 자리에 올랐어도 소통에 문제를 겪는 사람들이 이토록 많은 것은 전혀 놀랄 일이 아니다. '말만 많은 의미 없는 소통'은 잘못된 소통 방식을 통해 전해지는 유전병과 같다.

오늘날 소통 능력이 회사 경영진의 중요한 핵심 역량이라는 데 동의하지 않는 사람은 없을 것이다. 심지어 소통 능력이 가장 중요한 역량이라고 말하는 사람들도 많다. 그런데 그렇게 중요한 역량을 체계적으로 가르치는 곳이 없다. 가르치는 곳이 없으니 배우거나 연습하거나 실천할 기회는 더더욱 없다. 그저 일반적으로 '말할 수 있으면 소통할 수 있다'는 원칙에 따라 간단히 넘어가고 끝낸다. 그러나 이러한 논리대로라면 액셀만 밟을 수 있으면 누구나 운전면허를 딸 수 있다. 운전 방향과 규칙은 중요하지 않은 것이다! 어떤 사람들은 평생을 이런 식으로 살아간다. 그러나 이러한 삶의 방식은 처음에는 아무 문제가 없을지 몰라도 나중에는 점점 힘들어지고 중간중간 위험에 처하게 된다.

내가 이 책을 쓴 이유가 바로 여기에 있다. 당신은 '말할 수 있으면 소통할 수 있다'는 잘못된 생각에서 벗어나고, 당신을 위험에 빠뜨릴 수도 있는 삶의 방식에서 벗어나며 지금까지 잘못된 방식으로 해왔던 소통을 멈춰야 한다. 이제 당신은 잠시 일상에서 한 발짝 떨어져 이 책을 읽으면서 여러 가지 성찰을 해보고, 당신이 대화할 때 실제로는 무슨 말을 하고 있는지, 당신의 뇌에서는 어떤 일이 벌어지는지, 그리고 그것이 정말 당신에게 필요한 일인지를 다시 생각해봐야 한다.

나는 저명한 뇌과학자인 게랄트 휘터 교수와 함께 저술한 책《우리는 죽는 순간까지 정보를 얻기 위해 애쓴다》Wir informieren uns zu Tode 에서 인간은 이 세상에서 자유롭게 발전을 이루고 타인과 공존하기 위해 무엇보다 정보에 의존할 수밖에 없다고 설명한 바 있다. 그 책이 포화 상태의 글로벌 정보 시장 때문에 우리 뇌가 정보의 범람에 빠졌다는 내용을 주로 다루었다면, 이 책은 우리가 다른 사람들과 '정보를 어떻게 공유하는지'에 초점을 맞추고 있다. 어떤 식으로든 우리 삶에 영향을 미치는 사람들과 긴밀하게 정보를 공유하는 것, 그것이 바로 소통이기 때문이다.

  이 책은 삶과 죽음의 문제를 다루고 있지는 않다. 하지만 우리가 어떻게 살아야 하는지에 대한 핵심적인 문제를 다루고 있다. 실패한 소통은 중요한 프로젝트와 인간관계, 더 나아가서는 누군가의 꿈을 무너뜨린다. 비행기 조종실처럼 단순히 함께 일하는 것을 넘어 완벽한 팀워크가 필요한 장소에서는 소통 장애가 실제로 인명을 앗아가는 재난으로 이어질 수 있다. 그런 까닭에 항공 안전 전문가들이 정확하고 효과적으로 소통하는 법을 담은 '승무원 자원 관리'Crew Resource Management 같은 시스템을 도입한 것이다. '승무원 자원 관리'에 담긴 지혜는 우리 삶의 다른 영역에도 오랫동안 적용되어 왔다. 우리는 모든 탑승객의 안전을 위해 한 치의 실수도 허용하지 않는 항공 산업으로부터 많은 것을 배울 수 있다.

승무원 자원 관리에서 이야기하는 소통 원칙들이 잘못됐다고 말할 사람은 아무도 없을 것이다. 누구든 비행기를 탔을 때 안전하게 살아남고 싶을 테니까. 그러나 놀랍게도 우리는 사랑하는 사람이나 함께 일하는 직원과의 소통에서는 이러한 원칙들을 전혀 지키려 하지 않을뿐더러 때론 그런 자신에게 아무런 잘못이 없다고 생각한다. 잘못된 소통으로 연인과 이별을 맞이하면 그냥 체념하고 어깨를 으쓱하며 받아들인다. 그토록 많은 사랑과 보살핌으로 키운 자녀와의 관계가 산산조각 날 때도, 비싼 비용을 들여 영입하고 교육한 직원을 말 한마디로 쫓아낼 때도 마찬가지다.

의사소통을 하면서 나와 대화 상대가 원하는 바를 말로 간단히 충족시킬 수 있다면 얼마나 좋을까? 양쪽 모두가 말이다! 개인적이든 업무적이든 인간관계가 서로에게 제공하는 정보를 바탕으로 맺어지고 유지될 수 있다면 얼마나 좋을까? 사실 우리 모두는 이렇게 할 수 있는 능력이 있으며, 이에 필요한 적절한 장비 또한 갖추고 있다. 바로 '이성'이라는 장비다. 하지만 감성지능적 소통을 위해 이러한 장비를 사용하는 사람은 소수에 불과하다.

인간은 추상적인 개념을 이해하고 이야기를 구성하며 이를 언어로 소통하는 유일한 생명체다. 이 능력은 어떤 고등생물도 가지고 있지 못한 호모 사피엔스만의 독특한 특징이다. 그러나 이 놀라운 능력을 가지고도 우리는 스스로가 무엇을 할 수 있는지 잘 알지 못한다. 마치 석기시대 원시인이 최첨단 우주선 조종석에 앉아 있는 것처럼 말이다.

우리가 서로 효과적으로 대화하기 위해서는 이성이라는 사고력이 필요하다. 그러나 '효과적'이라는 말에는 '감정적으로도 효과적'이라는 뜻도 함께 담겨 있다. 즉, 우리는 이성을 사용하여 감정적인 효과를 얻어야 하는 것이다. 이게 대체 무슨 말인가 혼란스러운가? 세계 평화를 위해 전쟁을 일으킨다는 말처럼 이상하게 들리는가? 이해한다. 하지만 이것이 바로 이 책의 핵심이다.

어떻게 이성을 사용하여 감정에 영향을 미칠 수 있을까? 이 질문은 대니얼 골먼Daniel Goleman이 제시한 '감성지능'Emotional Intelligence으로 답할 수 있다. 다시 말해 위 질문은 우리가 감정적 존재인 인간, 즉 우리 자신과 타인을 어떻게 대하느냐에 관한 질문과 같다. 우리 내면의 가장 깊은 곳을 어루만지는 대화란 어떤 대화일까? 우리의 기본적인 정서적 욕구는 무엇이며 감성지능적 소통을 통해 이를 어떻게 충족시킬 수 있을까? 당신 주변 사람들과의 일상적인 관계에서부터 이 새로운 대화 방식을 적용해보길 권한다. 이러한 관계도 이미 충분히 복잡하기 때문이다.

여러분에게 한 가지 당부하고 싶은 말이 있다. 내가 이 책에서 이야기하는 소통을 위한 여덟 가지 말하기 도구를 배우고 익히려면 많은 시간이 필요하다. 또한 이 도구들은 지속적인 (어쩌면 평생에 걸친) 성찰과 비판적 검토를 통해서만 얻을 수 있다. 사람 사이의 모든 소통이 그렇듯, 이 책을 읽는 것도 '형태를 변화시키는 상호작용'Shape-Changing Interaction이라고 할 수 있다. 사람들 간의 관계와 성격을 영구적으로 변화시키는 상호작용 말이다. 그러니 변화를 위한 노력을 별로 기울이고 싶지 않은 사람이라면 지금 당장 이 책을 밖으로 던져버리기 바란다. 물론 가급적이면 사람이 많이 지나다니는 곳에 던져주길 바란다. 그래야 이 책이 적어도 두 번째 기회를 얻게 될 테니 말이다.

책이 아직 여러분의 손에 있는가? 아니면 길을 걷는 어떤 남성 혹은 여성의 손으로 넘어갔는가? 참고로 이 책에서는 성 중립적인 표현이 사용되지 않았음을 알린다. 감성지능적 소통의 핵심은 우리 모두가 인간으로서 공유하는 기본적인 욕구에 관한 것이다. 물론 남성과 여성은 서로 다르게 느끼고 서로 다르게 이야기한다. 하지만 이 책에서 다루고자 하는 내용은 소통 당사자의 개별적인 감정 상황과 욕구에 맞춰 소통하는 방법이다. 이러한 점에서 볼 때 남성, 여성, 혹은 기타 성별에 대한 구분은 앞으로의 논의에서 불필요하다. 그래서 나는 때로는 남성 대명사를, 때로는 여성 대명사를 사용할 것이다. 당신은 자신을 해당 범주에 자유롭게 위치시키면 된다. 중요한 것은 이 책이 당신과 맞닿아 있다고 느끼는 것이다.

지속적인 협업으로 나에게 많은 영감을 준 게랄트 휘터에게 무한한 감사를 표한다. 그가 없었다면, 우리가 함께 나눈 모든 이야기가 없었다면, 이 책의 가치는 절반에 불과했을 것이다. 우리가 소통할 때 우리 뇌가 어떻게 작동하는지에 대한 지혜를 공유해준 다른 모든 지식인들에게도 똑같은 감사를 전한다. 이 책이 쓰여지기 전부터 이 책의 진가를 알아보고 이 프로젝트를 올바른 방향으로 이끌고 모든 중요한 결정을 제대로 내려준 헤르더 출판사Herder Verlag의 안나 에거Anna Egger에게도 감사드린다. 우리는 정말 제대로 대화를 나눴다!

말할 수 없을 정도로 소통하기가 힘들었던 모든 사람에게 다소 불만스러운 마음이 있긴 하지만, 그들에게도 진심으로 감사의 말을 전한다. 그들은 종종 우리에게 최고의 스승이 되어준다! 설령 우리의 의지에 반하더라도 말이다.

"우리 대화 좀 합시다."고 말할 때는 이미 성공적이고 건설적인 대화를 하기에는 너무 늦은 경우가 많다. 하지만 그럴수록 우리는 대화해야 한다. 마지막으로 한 가지 더 이야기하고 싶은 것이 있다. 바로 용기를 내라는 것이다! 소통에는 당연히 실수가 따르는 법이다. 모든 일을 완벽하게 해야 한다고 생각하지 마라. 이 여정에서 당신은 충분한 안전거리를 확보하고 있다. 당신의 주변 사람들은 당신이 감성지능적 소통을 시도하는 것 자체를 이미 높이 평가하고 있으며 당신이 실수를 해도 너그럽게 바라봐줄 준비가 되어 있다. 그러니 걱정하지 말고 언제든 대화를 시도해보자.

자, 이제 출발해보자. 흥미진진한 여정이 될 것이다.

로베르트 버디

차례

추천의 글 | 우리는 '제대로' 대화해야 합니다 · 5
들어가며 | 당신의 말이 소리가 아닌 '소통'이 되려면 · 10

제1장 잠깐 이야기해봅시다
대화할 때 우리 뇌에서는 무슨 일이 일어날까?

당신의 뇌는 말과 칼을 구분하지 못한다 · 29
멈춰라, 그리고 어떤 대화를 할지 선택하라 · 33

제2장 대화는 머리가 아닌 마음을 쓰는 일
첫 번째 말하기 도구 – 감정

정보는 감정을 타고 뇌에 도달한다 · 44
상대가 좋아할 만한 말이 곧 정보다 · 47
소통이 가져오는 감정적 영향을 인식하자 · 50
너무나 감정적인, 그래서 인간미 넘치는! · 53
대화 끝에 남겨질 '기분' 생각하기 · 58
나는 무엇을 말할 수 있는가 vs. 나는 무엇을 말하고자 하는가 · 62
'정신없는 다람쥐'가 되지 않으려면 · 68
빠르고 쉬운 해결책에서 사려 깊은 소통으로 · 73

제3장 친절함의 선물
두 번째 말하기 도구 – 상냥함

다정한 대화만이 살아남는다	· 83
눈을 마주치고 웃으며 이야기하는 법	· 87
왜 늑대의 탈을 쓴 양이 되려고 하는가?	· 91
내재된 유대감을 깨우는 감성지능의 힘	· 95

제4장 '나와 상관없는 이야기'에서 '내 이야기'가 되려면
세 번째 말하기 도구 – 관련성

뇌 속의 '문지기'부터 설득하자	· 106
눈앞에 뻔히 보이는데 보지 못하는 이유	· 111
그 사람만을 위한 종소리를 울리자	· 115
'관련성'이라는 선물을 건네는 대화	· 120

제5장 대화 속 오해와 갈등을 덜어내는 법
네 번째 말하기 도구 – 욕구

상대의 욕구를 인식하고 충족시키기	· 134
욕구라는 이름의 암호를 해독하는 법	· 138
욕망을 욕구로 바꾸는 사람들의 수법	· 146
상대를 위해 합리화하는 습관을 버리자	· 149

제6장 그럴듯한 이야기가 우리에게 말하지 않는 것
다섯 번째 말하기 도구 – 서사

영화 속 감동적인 말, 따라 해도 될까? · 161
우리는 왜 가상의 이야기에 빠져들까? · 166
관계가 완전히 끝나버리기 전에 생각해야 할 것 · 170

제7장 대화에 존중을 담아내는 법
여섯 번째 말하기 도구 – 눈높이

동기부여를 잘하는 사람에게는 위계가 없다 · 184
상대의 일상을 기꺼이 받아들이자 · 188
나의 동기와 상대의 동기가 같아지려면 · 191

제8장 언어로서의 침묵
일곱 번째 말하기 도구 – 침묵

침묵은 가장 많은 것을 말해준다 · 203
적극적인 침묵을 선택할 때 일어나는 일 · 206
독백을 하는 걸까? 대화를 나누는 걸까? · 209
똑똑하게 '잘 듣는' 법 · 212
대화에도 때론 휴식이 필요하다 · 215
감정의 덫에서 빠져나와야 할 때 · 220
날뛰는 감정에 반응하지 않는 연습 · 226
행동하지 않아야 바뀔 수 있다 · 230
용기 내어 침묵하자 · 233

제9장 '지금 여기에서' 함께 대화합시다
여덟 번째 말하기 도구 – 현재

모든 소통은 두 사람 간의 대화다 · 241
'나 대 다수'의 대화에서 '나와 너'의 대화로 · 245
상대는 바꿀 수 없지만 나의 태도는 바꿀 수 있다 · 249
내가 소통의 '역주행자'가 아닌지 확인하는 법 · 253
오늘의 나는 어제의 나와 다르다 · 256
왜 우리는 '지금 여기'의 대화를 하지 못할까? · 262
과거의 경험은 아직 지혜가 아니다 · 264
미래는 나의 머릿속에만 있는 시간이다 · 268
지금 이 순간에 집중하는 법 · 272

제10장 당신도 따뜻하게 대화할 수 있습니다
감성지능적 소통을 위한 대화의 원칙

원칙 1. 대화는 우리의 기본 욕구다 · 282
원칙 2. 모든 대화에는 책임이 따른다 · 284
원칙 3. 대화는 눈을 마주치면서 시작한다 · 286
원칙 4. 모든 대화는 결국 일대일이다 · 289
원칙 5. 휴대전화를 끄고 상대와 눈을 마주쳐라 · 293
원칙 6. 좋은 대화에는 몰입의 순간이 있다 · 298

나오며 | 나의 이야기를 넘어 우리의 이야기로 · 301
출처 및 참고자료 · 306

제1장

잠깐 이야기해봅시다

대화할 때 우리 뇌에서는 무슨 일이 일어날까?

말하는 것만큼 세상에 쉬운 일이 또 있을까? 우리는 살면서 매일, 매순간 누군가와 대화를 나눈다. 마치 땅에 떨어진 지폐를 줍는 것처럼 이를 아주 쉬운 일로 여긴다. 하지만 조금만 생각해보면 지폐를 줍는 일이 얼마나 커다란 도전이었는지 종종 깨닫는다. 이를테면 지폐를 주울 때 얼마나 재빨리 몸을 구부릴지, 얼마짜리 지폐여야 가던 길을 멈출지 순간적으로 생각해야 하는 것이다. 때로는 주운 지폐가 50유로짜리 가짜 지폐일 때도 있다.

 우리가 일상에서 나누는 대화는 비유적으로 말하면 일종의 '하이 리스크 하이 리턴'과 같은 일이다. 다시 말해 좋은 일을 가져오고 관계를 풍요롭게 만드는 성공적인 대화의 잠재력은 엄청나게 크다. 하지만 그에 못지않게 잘못 내뱉은 말이 오랫동안 역한 냄새를 풍길 위험도 무척 크다. 상대의 감정을 다치게 하여 관계를 깨뜨릴 수도 있고, 상대의 깊은 상처를 건드리기도 한다. 직장에서의 대화든 친밀한 사이의 사적인 대화든 마찬가지다. 소통에 실패하면 인간적으로나 금전적으로나 큰 비용이 발생할 수도 있다.

대화가 이렇게나 위험이 따르는 일인데 우리는 우리 자신과 사회적 관계에 지속적인 영향력을 미칠 수 있는 이 행동에 대해 크게 신경 쓰지 않곤 한다. 가슴에 손을 얹고 다음 질문에 대답해보자. 이러한 소통의 영향력에 대해 당신은 얼마나 자주 생각하며 대화하는가?

당신의 뇌는
말과 칼을 구분하지 못한다

우리가 하는 모든 경험, 특히 의사소통에 대한 경험은 단순한 학습 과정을 넘어 특정 문제를 어떻게 '해결'했는지를 저장하는 일과 같다. 이는 '1 더하기 1은 2다' 같은 사실 정보를 비롯해 보호 기제(예를 들면 상대가 나에게 거짓말을 하거나 말도 안 되는 이야기를 할 때 '이 사람 말을 다시는 믿지 말자'라고 생각하는 경우)나 정서적 경험(예를 들면 '지금 내 모습은 별로야'라고 느낄 경우)에도 적용된다. 이렇게 저장된 해결책은 우리의 세계관뿐만 아니라 우리 뇌의 구조도 변화시킨다.

신경가소성Neuroplasticity이라고 불리는 이 과정은 최근 과학사에서 가장 놀라운 발견 중 하나다. 이 이론을 한마디로 요약하면 우리 뇌는 죽을 때까지 현재의 욕구에 '적응하는 능력'이 있다는 것이다. 이에 대해 뇌과학자 게랄트 휘터 교수는 여든의 나이에도 중국어를 배우고 싶어 하는 한 노인을 예로 들어 설명한다. 만약 이 노인이 매력적인 중국 여성을 만나 중국에서 함께 살게 된다면, 그는 고령에도 불구하고 중국어를 빠르게 습득할 수 있다.

신경가소성은 우리가 태어나면서부터 주어진 뇌 상태 그대로 살아갈 필요가 없음을 의미한다. 뇌는 항상 정해진 자리에 위치하고 있지만 같은 상태로 유지되지 않으며, 새로운 도전에 끊임없이 구조적으로 적응하고 우리 욕구를 충족하는 데 도움이 되는 해결책을 늘 저장한다. 인공지능의 언어로 표현하자면, 뇌는 끊임없이 그리고 독립적으로 하드웨어를 업데이트한다.

하지만 신경가소성에는 한 가지 위험이 숨겨져 있다. 우리가 늘 좋은 경험만 하지는 않기 때문에 긍정적인 해결책뿐만 아니라 부정적이고 고통스러운 경험도 함께 저장된다는 것이다. 즉 우리 뇌가 부정적이고 상처를 주는 경험을 기억 속에 강하게 새기면 다른 사람의 비꼬는 말이나 차별적인 표현 또는 부정적인 평가를 문자 그대로 신체적 상해와 똑같이 인식한다. 의지와 상관없이 부정적인 쪽으로 뇌에 '물리적인 변화'가 나타나는 것이다.

현행법에 따르면 '타인을 신체적으로 학대하거나 타인의 건강을 해치는 자'는 신체 상해죄에 처해진다. 부정적인 학습 경험을 통한 뇌의 물리적 변화가 법적 의미에서 범죄가 될 수 있는지는 내가 논의할 수 있는 부분이 아니다. 그보다 중요한 것은 이 책에서 계속 이야기하게 될 소통의 영향력 측면에서, 상처를 주는 말을 주고받으면 우리 뇌가 변화하고 우리의 정신건강이 막대한 피해를 입을 수 있다는 사실을 이해하는 것이다. 우리가 서로에게 어떤 말을 하며 대화하느냐에 따라 많은 부분이 달라질 수 있다는 얘기다.

한 가지 좋은 소식이 있다. 우리 뇌가 삶을 개선하고 행복을 추구하며 다른 사람들과의 관계를 풍요롭게 하는 해결책에 몰두할 경우, 우리 뇌는 정말로 그러한 방향으로 발달한다는 것이다. 다시 말해 뇌는 낡은 구조에서 벗어나 새롭고 건강한 관계를 구축하게 된다. 이 과정에서 신경가소성은 뇌의 발달을 보조하는 가장 좋은 수단이 된다.

어떤 해결책이나 생각을 지속적으로 받아들일지 말지는 우리 스스로의 결정에 달렸다. 그러니 부정적인 신념에 굳이 자리를 내어주지 마라. 좋은 것들만 받아들이는 주의력 훈련을 통해 당신의 생각에 방해되는 요소들을 내쫓는 연습을 해보자.

잘못된 해결책에 얽매일지 올바른 해결책을 발전시킬지는 우리 스스로의 결정에 달려 있다!

유지할 것인가, 버릴 것인가?

다음 질문들을 해결책의 가치를 판단하는 지표로 삼아보자.

- 이 생각이 나를 행복하게 하는가?
- 이 생각을 하면 기분이 좋고 옳다는 생각이 드는가?
- 이 생각이 나에게 어떤 긍정적인 감정을 불러일으키는가?
- 이 생각을 계속 하고 싶은가?
- 이 생각이 나를 더 발전시키고 새로운 이해로 이끄는가, 아니면 내가 이미 선택한 입장을 확인시켜줄 뿐인가?
- 내가 이 생각을 상대와 공유하면 상대가 행복해질까?

멈춰라,
그리고 어떤 대화를 할지 선택하라

물론 사람들과 나누는 모든 교류가 '형태를 변화시키는 상호작용'이 되지는 않는다. 다시 말해 모든 교류가 장기적으로 세상을 바라보는 우리의 관점을 바꾸지는 못한다. 길거리에서 누군가가 기차역으로 가는 길을 묻는다고 해보자. 당신이 만약 길을 잘 알고 있다면 오래 생각하지 않고 곧바로 길을 알려줄 테고, 길을 잘 모른다면 그냥 지나칠 것이다. 이 순간에 첫눈에 사랑에 빠지지 않는 한, 이 짧은 만남은 당신의 인생이나 당신의 뇌에 거의 영향을 미치지 않을 것이다.

반면 사소한 말 한마디가 며칠 혹은 몇 주 동안 계속 당신을 괴롭히고, 건강하거나 적어도 아무 문제가 없었던 관계를 조금씩 무너뜨리고, 이어지는 대화에서 문제와 오해를 부르는 경우도 있다. 인터뷰에서 즉흥적으로 내뱉은 답변이 스캔들을 일으키기도 하고, SNS에 무심코 올린 댓글 하나가 악재로 돌아오기도 한다. 40분짜리 훌륭한 연설에서 나온 단 하나의 문장 실수로 연설 전체가 평가 절하되고, 배우자에게 충동적으로 던진 한마디가 행복을 위협하는 논쟁의 도화선이 되기도 한다. 이러한 상황은 직장과 집 할 것 없이 일상적인 의사소통에서 매우 자주 발생한다.

다시 말해 대화는 종종 우리의 뇌 구조와 세상을 바라보는 관점, 그리고 우리의 인간관계까지 바꾼다.

그러므로 우리는 모든 소통 상황에서 잠시 멈춰 다음 세 가지를 생각해볼 필요가 있다.

1. 대화할 때 나는 무엇을 얻고자 하는가?
2. 그 목표를 달성하기 위해 나는 무슨 말을 해야 하는가?
3. 나는 그 말을 하는 사람이 되고 싶은가?

대화 도중 잠시 멈춰 이러한 생각을 하는 것이 과연 가능할지 궁금한가? 여기에서도 신경가소성이 좋은 설명이 된다. 우리는 다른 사람들과 대화하는 방식을 얼마든지 바꿀 수 있다. 우리 뇌가 그렇게 만들어져 있기 때문이다.

경솔하게 내뱉은 말로 다른 사람에게 상처를 주고 관계를 위태롭게 만들고선, '나는 원래 그런 사람이야!'라고 변명하는 것은 매우 어리석은 행동이다. 우리는 다른 사람의 감정을 상하게 만드는 데 이상한 자부심을 느끼는 이해할 수 없는 사람들을 종종 만나곤 한다. 그들은 자신의 행동을 '솔직함'으로 포장하지만 이는 얄팍한 핑계일 뿐이다. 오히려 이러한 행동은 그들이 감추려 하는 것을 더 잘 드러내준다. 만약 내가 '솔직함'을 이유로 다른 사람에게 상처를 주면 유대감에 대한 나의 욕구도 상처를 입게 된다. 즉 나와 상대방, 두 사람 모두에게 좋지 않은 일이다. 또한 '나는 원래 그런 사람이야'라는 변명은 통하지 않는다! 우리 중 아무도 '원래 그런' 사람은 없다. 앞에서 이야기했듯 우리는 신경가소성이라는 능력 덕분에 끊임없이 변화할 수 있는 존재이기 때문이다.

소통은 우리의 일상생활과 모든 관계의 핵심 요소이며, 여기에는 큰 위험과 함께 기회도 따른다. 안타깝게도 우리는 이러한 소통의 영향력을 과소평가하고 다른 사람과의 교류를 그냥 흐르는 대

대화 점검표 작성하기

당신이 최근에 나누었던 중요한 대화를 떠올려보라. 그리고 다음과 같은 표로 정리해보자.

- 첫 번째 칸에 대화 주제를 각각 적는다.
- 대화에 썼던 구체적인 표현을 두 번째 칸에 적는다.
- 대화를 통해 당신은 어떤 결과를 기대했는가? 그 내용을 세 번째 칸에 적는다.
- 실제로 어떤 결과가 나왔는가? 이를 네 번째 칸에 적는다.

네 개의 칸을 비교해보라. 주제와 표현, 기대, 결과가 서로 어떤 관련이 있는가? 모든 것이 잘 어우러지는가?

주제	연인과 저녁 메뉴 다시 정하기
표현	"우리 오늘 저녁에 이탈리안 식당은 좀 아닌 것 같은데, 어때?"
기대	"그럼 이탈리안 식당 말고 그리스 식당은 어때? 같이 저녁 먹을 생각하니까 좋다."
결과	오해가 생김. 나는 이탈리안 식당을 가고 싶지 않다는 뜻으로 말했는데, 상대는 내가 같이 식사할 마음이 아예 없다고 이해함.

로, 우연에 맡기는 경향이 있다.

하지만 우리가 이야기하는 내용과 말하는 방식, 그리고 이를 통해 달성하는 목표는 결코 우연의 산물이 되어서는 안 된다. 이 모두는 우리가 스스로 결정하고 또 결정해야 하는 것들이다. 자신의 소통 습관을 성찰하고 개선할 때 다른 사람과의 유대와 협력에서 비롯되는 소통의 엄청난 잠재력을 활용할 수 있다. 이제부터 이 잠재력을 활용해보자.

제2장

대화는 머리가 아닌 마음을 쓰는 일

첫 번째 말하기 도구 – 감정

소통에 대한 가장 큰 오해는 그것이 '머리', 즉 이성으로 하는 일이라는 생각이다. 비록 겉으로 볼 때는 그렇게 보일 수 있으나 실제로는 전혀 그렇지 않다. 이를테면 우리는 뇌 속에서 미리 준비해둔 말을 입으로 표현한다. 이 말들은 대화 상대의 귀로 들어가 그의 뇌 속에서 처리되고, 경우에 따라서는 정보로 저장된다. 물론 이 모든 과정이 사실상 머리에서 일어나는 일이기는 하다.

하지만 보다 중요한 것은 우리가 소통이라고 생각하는 그 소리가 어디에서 만들어지고 발화되는가가 아니라, 그 말이 어떻게 '작동'하는지다. 예를 들어 만약 당신이 화살에 맞았다고 해보자. 그 화살이 어떤 재료로 만들어졌는지, 누가 만들었는지, 어떻게 날아가는지를 생각하겠는가? 이러한 질문은 양궁 선수에게는 흥미로울 수 있지만 화살에 맞은 사람에게는 하나도 중요하지 않다. 화살이 이미 살 속에 박혔으니까! 그보다는 통증이 얼마나 심하고 얼마나 오래 지속될지, 내부 장기가 손상되었는지, 상처 때문에 감염이나 중독이 발생했는지 등이 궁금하다. 간단히 말하면 화살 때문에 내가 죽을지 죽지 않을지가 중요하다.

그런데 우리는 왜 신체적 부상을 당했을 때 즉각적으로 떠오르는 이러한 질문들을 마음의 상처를 입은 말에는 적용하지 않는 걸까? 상대의 어떤 말 때문에 상처를 받았다면 내가 지금 얼마나 아프고 상처를 받았는지, 이 소통이 나에게 어떤 영향을 미치는지, 이 메시지가 내 삶에서 중요한 관계나 상황에 얼마나 부정적인 영향을 미치는지를 생각해봐야 한다. 반대로 내가 메시지를 보내는 입장이라면 내 말이 상대에게 상처를 주지는 않을지, 내 메시지가 우리 관계에 어떤 결과를 가져올지 등을 생각해봐야 한다. 물론 이러한 질문들은 다음과 같이 건설적이고 긍정적인 방식으로도 할 수 있다.

- 내 말이 상대방에게 긍정적인 감정을 불러일으키는가?
- 내 말이 상대를 기분 좋게 만드는가?
- 내 말이 우리 관계를 더 깊게, 더 풍요롭게 만들어주는가?
- 내 말이 우리 관계에 지속적으로 긍정적인 영향을 미치는가?

소통이 작용하는 범위가 이성이 아니라면, 다시 말해 소통이 이성의 문제가 아니라 우리의 '감정'을 건드리는 문제라면, 이러한 질문들이야말로 우리가 던져야 할 올바른 질문이다. 이어지는 내용에서 우리가 나누는 소통이 이성이 아닌 감정에 영향을 미친다는 것이 어떤 의미인지 자세히 살펴보도록 하자.

정보는 감정을 타고 뇌에 도달한다

　소통의 아이콘으로 널리 칭송받는 전 미국 대통령 버락 오바마는 자신의 회고록에서 민주당 대선 후보 경선 시절, 다른 후보들과 TV 토론에 처음 출연했을 때를 회상한 바 있다. 당시 오바마는 철저한 준비를 끝내고 청중 앞에서 자신의 주요 정치적 입장을 하나하나 사실을 근거로 들어 설명했다. 사람들은 그를 좋아하고 싶었지만, 그는 그럴 기회를 거의 주지 않았다. "오바마가 개를 잡는 공무원으로 출마한다고 해도 나는 그를 찍지 않을 거야."라는 말이 나올 정도였다. 오바마가 자신이 전하고자 했던 중요한 메시지를 다

전달했다는 감격에 혼자 취해 있자 그의 소통 담당 보좌관은 오바마의 열정을 누그러뜨리면서 아주 현명한 조언을 해주었다.

"사람들은 개념에 열광하지 않고 감정에 열광합니다."

이게 대체 무슨 말이지? 우리 모두는 이성적인 사람들 아닌가!

과연 정말 그럴까? 인간의 뇌는 무척 이성적일 것 같지만 사실 그렇지 않다. 우리 뇌는 제공된 정보를 걸러내는 아주 뛰어난 능력을 가지고 있는데, 우리에게 감정적으로 와닿는 정보만이 필터를 통과한다. 다시 말해 아무리 사실에 입각한 정보라도 수신자가 이를 '메시지'로 받아들이려면 우리 뇌에 감정적인 무언가를 유발해야 한다(이에 대한 자세한 내용은 제4장에서 살펴볼 것이다).

우리는 감정적인 동기가 부여된 경우에만 외부에서 입력된 내용에 마음을 연다. 예를 들어 어떤 메시지가 두렵게 느껴지면 우리는 즉시 어떤 위험이 닥칠지에 대한 정보를 검색한다. 뇌의 경보 시스템인 편도체는 이 작업을 다른 모든 정보보다 우선순위에 둔다. 이러한 메커니즘은 잠재적인 위협에 우선순위를 부여하여 우리를 보호한다. 다시 말해 집에 불이 났다면, 일반적으로 우리 뇌는 넥타이를 매거나 발톱에 매니큐어를 바르도록 허용하지 않는다. 또한 아직 읽지 못한 톨스토이의《전쟁과 평화》를 불타게 두는 것이 문화인으로서 잘못이라는 이유로 책을 꺼내서 빨리 훑어보려고 하는 일도 없다. 집이 불타면 톨스토이고 뭐고 다 소용없다.

하지만 감정적 접점이 반드시 상처가 되거나 부정적일 필요는 없다. 오히려 그 반대다! 긍정적인 감정도 우리의 인지에 문을 열어준다. 무언가가 시각적으로 마음에 들거나 소리나 냄새가 좋거나 기분을 좋게 만들 때 우리는 이 감정적 충동 뒤에 숨어 있는 정보에 마음을 열게 된다.

상대가 좋아할 만한 말이 곧 정보다

　인간은 매우 감정적인 존재다. 그래서 우리는 경험하는 모든 상황을 자신의 기억과 경험, 삶에서 배운 교훈을 바탕으로 인식한다. 다시 말해 우리가 인식하는 현실은 객관적인 현실이 아니라 완전히 개인적이고 주관적인 현실이다. 지구상에 거의 80억 명의 인구가 살고 있으니 약 80억 개의 현실이 존재한다고 볼 수 있다. 그러므로 자신을 객관적이라고 말하는 사람은 아무것도 모르는 사람이다. 자신의 관점으로 보는 세상을 보는 우리는 그 누구도 완벽히 객관적일 수 없다.

그뿐만 아니라 우리는 우리가 이 세상의 만물과 경험을 함께 나누고 있다고 생각하는 경향이 있다. 하지만 이것도 사실이 아니다. 오히려 인간으로서 우리가 가진 가장 큰 공통점은 우리의 감정이다. 인간인 우리는 모두 기쁨과 감사, 사랑, 희망, 두려움, 분노, 슬픔, 혐오감 같은 감정을 느낀다. 그리고 그 감정은 우리 마음속에서 즉각적이고 개별적인 행동을 하려는 충동을 불러일으킨다. 그런 다음에야 우리는 행동과 반응에 대한 이성적인 이유를 찾는다.

로이드는 〈월스트리트 저널〉Wall Street Journal과 〈파이낸셜 타임즈〉Financial Times를 읽는 투자자다. 그에게 이 신문의 내용은 매우 감정적인 메시지다. 말하자면 이 신문은 그의 돈에 대해서, 그가 재산을 늘릴지, 잃을지에 대해서 다루고 있다. 금융과 관련된 내용이 매우 객관적인 사실에 근거하더라도 로이드와 같은 독자에게 미치는 영향은 매우 감정적이라고 볼 수 있다. 반대로 톰은 냉장고 말고는 그 무엇에도 돈을 투자하지 않는 사람이다. 그에게는 이러한 내용이 전혀 영향을 미치지 않는다. 앞으로도 그는 객관적이고 사실적인 내용에 전혀 관심을 갖지 않을 것이다.

로이드와 톰의 차이는 우리가 대화에서 얻고자 하는 감정적 영향을 항상 인식해야 한다는 점을 잘 보여준다. 그렇지 않으면 우리가 말하는 내용이 상대에게 전혀 전달되지 않거나 잘못 전달될 수 있다. 우리가 상대를 위협하거나 신경을 긁으면 상대가 이성적으로 반응할 가능성은 거의 없다. 상대는 겁을 먹거나 화를 낼 것이고, 이는 우리의 소통에 부정적인 영향을 미치게 된다. 반면 상대에게 희망이나 기쁨, 즐거움과 같은 긍정적인 감정을 불러일으키는 소통이라면 상대는 우리의 말을 경청하고 우리가 전달하고자 하는 사실적인 정보도 잘 받아들일 것이다.

즉 어떤 메시지가 우리에게 감정적으로 와닿으면 우리는 객관적이고 사실적인 내용도 '정보'로 받아들인다.

소통이 가져오는 감정적 영향을 인식하자

뷔르츠부르크 대학의 학자들이 텍스트가 낭독되는 방식에 따라 피험자의 기분이 어떻게 변화하는지에 대한 연구를 진행한 적이 있다. 연구진은 학생들에게 영국의 철학자 데이비드 흄 David Hume 의 매우 복잡한 그리고 솔직히 말하면 그다지 흥미롭지 않은 텍스트를 읽어주었다. 이때 한 번은 밝고 친근한 억양으로, 또 한 번은 아주 슬픈 억양으로 낭독했다. 피험자들은 글이 낭독되는 동안 손으로 하는 단순 작업들을 수행해야 했다. 이 단순 작업이 텍스트의 내용을 이해하는 데 방해 요소가 되기는 했지만, 감정적인 분위기는 잘 전달된 것으로 나타났다. 실험 결과 밝고 친근한 버전을 들은 피험자들은 더 행복해했으며, 슬픈 버전을 들은 피험자들은 우울한 낭독 분위기에 기분이 나빠졌다.

흥미로운 점은 정작 이 실험의 피험자들은 자신의 감정 상태가 어느 정도 변했는지 전혀 인지하지 못했다는 것이다. 이 사실은 우리에게 아주 중요한 경고를 던진다. 바로 우리는 '들을 때나 말할 때 우리의 감정 상태를 제대로 인식하지 못한다'는 것이다. 그리고 이는 감정에 휘둘려 마치 핀볼 게임기 속의 공처럼 여기저기 튕겨 나가는 사람들에게만 해당되는 얘기가 아니라, 당신과 나 우리 모두에게 해당된다. 그래서 자신의 감정을 인식하고 제대로 이해하는 연습이 무엇보다 중요하다.

> **소통의 감정적 영향을 인식하는 연습**
>
> 당신의 감정에 와닿아서 정보로 받아들인 마지막 소통을 떠올려보라. 그리고 다음과 같은 질문을 던져보자.
>
> - 그 소통은 나에게 어떤 영향을 주었고 어떤 감정을 불러일으켰는가?
> - 이러한 감정적 영향은 나에게 들어온 정보를 어떻게 인식하도록 영향을 미쳤는가?

이 연습을 꾸준히 하면 좋은 습관으로 만들 수 있다. 소통의 감정적 영향과 그것이 당신의 인식에 미치는 영향에 대해 더 많이 의식할수록 정보를 주고받는 사람 모두가 이에 주의를 기울이게 된다.

너무나 감정적인,
그래서 인간미 넘치는!

　소통이 무엇보다 감정에 영향을 미친다면, 가장 먼저 던져야 할 질문은 소통할 때마다 내가 어떤 감정적 영향을 받고 싶은지다. 누군가는 이러한 말 자체를 인정하지 못할 수도 있다. "감정적이어야 한다고요? 나는 평생 내 감정을 통제하고 숨기면서 살아왔어요. 나는 사실과 이성이 우선인 사람이에요. 나는 감정적일 수가 없어요. 특히 감정적으로 아무 연관이 없는 낯선 사람에게는 더더욱요." 하지만 이러한 인식은 많은 사람을 불편하게 만든다.

　나는 오랫동안 코칭 프로그램을 운영하며 이러한 의구심을 보이는 사람들을 여럿 만났다. 나는 25년 넘게 경제와 정치 분야의 전문가들을 비롯해 기업의 리더들이 메시지를 보다 효과적으로 전달할 수 있도록 많은 도움을 주었다. 그들의 메시지는 때론 대중을 향하기도, 때론 직원을 향하기도 한다. 기업 리더들은 특히나 이성적이라는 것이 합리적이고 객관적이며 실용적이라는 오해에 쉽게 빠지곤 하는데, '이성적'이라는 말을 곧 '감정적이지 않다'는 뜻으로 잘못 해석하기 때문이다. 그들 중 다수는 소통을 하는 데 있어서 감정적 차원을 완전히 없애버리고 순전히 사실적인 주장에만 초점을 맞춘다.

그러나 이처럼 이성의 영역으로 도피하는 것이야말로 가장 비이성적이다! 이는 진정한 교류가 되는 소통을 방해한다. 그리고 큰 대가로 되돌아온다. 이를테면 중요한 정치적 메시지가 제대로 전달되지 않거나, 직원들이 소외감을 느끼거나, 고객들이 기업의 정보 정책을 비판하게 된다.

또한 이성에만 집중하는 것은 건강에도 해롭다. 많은 리더가 고독감에 시달리는데, 그들은 이를 어쩔 수 없는 당연한 감정이라고 생각한다. 그러나 이러한 고독감은 실제가 아닌 착각일 뿐이다. 리더들은 지나치게 이성적인 태도를 취하고 자신의 감정적 욕구를 표출해선 안 된다는 강박을 가질 필요가 전혀 없다.

그런데도 우리는 인간이 행동하고 인식하는 가장 중요한 동기인 감정에 주의를 잘 기울이지 않는다. 많은 사람이 '감정적'을 '이성적'의 반대 개념이자 부정적인 어떤 것으로 생각한다. 감정을 부정하는 태도는 우리 사회에, 특히 경제 세계와 직업적 행동에 아주 뿌리 깊게 내려져 있다. '감정적으로 굴지 마!'라는 말을 들어봤거나 해본 적이 누구나 있을 것이다. 그러나 내게 이러한 비난은 '인간답게 굴지 마!'라는 말처럼 들린다. 우리가 '이성적'인 사람이 되려고 소통에서 감정을 배제한다면 이는 인간 행동의 가장 중요한 동기를 무시하는 것이기 때문이다.

감정을 부정해야 한다는 신념이 워낙 널리 퍼져 있기에 직장에서는 최대한 감정을 억누르는 것이 지극히 정상이라고 생각할 수도 있다. 하지만 그렇지 않다. 이는 집보다 직장에서 더 많은 시간을 보내게 되면서 직장 생활을 개인적인 삶보다 더 우위에 두는 직업적 왜곡 Déformation Professionelle 현상이 불러온 잘못된 관념일 뿐이다. 인간관계의 감정적 차원을 거부하는 것은 서구의 영향을 받은 현대 사회의 잘못된 현상이다. 이러한 개념은 모든 인간이 맺는 만남과 관계는 감정에 의해 형성되며, 감정을 무시하는 것이야말로 매우 비이성적이라는 사실을 간과한다.

인간의 감정적 차원을 무시하거나, 무시하려고 애쓰는 사람은 환자의 정신건강을 외면하고 신체 증상만 치료하는 의사와 같다. 감정을 배제시키려는 노력은 희망이 없는 일이다! 감정은 이성보다 더 강하다. 객관성이라는 '약'은 두려움이나 슬픔, 분노, 기쁨, 희망, 사랑과 같은 강렬함 앞에서 아무 힘도 발휘하지 못한다.

나오미는 우는 아이에게 "그만 울어!"라고 말해보지만 아무 효과가 없다. 아이가 비이성적이라서 그럴까? 아니다. 그런 말을 하는 나오미의 행동이 비이성적이기 때문이다. 아이의 울음은 감정의 표현이지 오해의 표현이 아니다. 나오미가 앞으로도 이를 무시한다면 큰 대가를 치르게 될 것이다. 즉 아이와의 유대감이 단절되고, 아이를 이해하지 못하게 된다.

마찬가지로 긍정적인 감정도 이성적으로 조절될 수 없다.

이제 막 사랑에 빠진 사람에게 '이성적'으로 생각하라고 설득해보라! 아마도 그는 전혀 이성적으로 생각하지 못할 것이다. 또는 좋은 아이디어를 가진 직원에게 비용 문제를 지적하면서 그의 아이디어 실현에 제동을 걸어보라. 그래봤자 아무 소용이 없을 것이다. 오히려 그 직원이 떠나거나 그의 업무 열정이 사라질 위험이 있다.

여기서 알 수 있듯이, 감성지능적 소통은 감정 차원에 영향을 미치기 때문에 매우 효과적이지만 그만큼 많은 훈련이 필요한 방법이다. 감성지능적 소통은 감정적으로 격양된 소통과는 거리가 멀다. 감정적인 영향을 주기 위해 감정적이 될 필요는 없기 때문이다(이와 관련된 자세한 내용은 제8장을 참고하라)! 감성지능적 소통을 하기 위해서는 더욱 이성을 차려 우리의 잘못된 대화 습관을 바꾸어야 한다. 보다 체계적이고 목표 지향적이며 훈련된 접근 방식이 필요하다. 그리고 잘못된 대화 습관을 바꾸려면 먼저 충분한 생각을 거치지 않고 무작정 말부터 하는 행동을 멈춰야 한다. 다시 말해 우리는 무언가를 말하기 전 꼼꼼한 '계획'을 세워야 한다.

대화 끝에 남겨질 '기분' 생각하기

내 말을 오해하지 말기 바란다. '일단 그냥 뭔가를 말하는 것'은 멋진 일이기도 하다. 우리가 아주 안전하다고 느끼는 상황에서, 또 우리가 전적으로 신뢰할 수 있는 사람들과의 대화에서 우리는 고민을 털어놓고 자유롭게 이야기할 수 있다. 외부의 위험으로부터 보호받고 있다는 느낌이 들기 때문이다. 마치 사랑의 속삭임처럼 말이다! '네가 어떤 말을 하고 어떤 행동을 해도 나는 너를 계속 사랑할 거야.' 이러한 사랑 고백에는 애정이 듬뿍 담겨 있다. 그러나 이러한 대화는 결코 흔하게 일어나지 않는다. 그전에 성공적인 감성지능적 소통이 있어야만 보상으로서 드물게 주어지는 선물과도 같은 것이기 때문이다.

배우자와의 대화든 부모와 자녀의 대화든 채용 면접이든 이사회와의 대화든 대중과의 대화든 의사소통에 문제가 있을 때는 항상 '우리가 무엇을 하고 있는지' 알려고 해야 하며 또 알아야 한다. 다시 말해 상황을 인식하고 계획을 세울 필요가 있다는 얘기다. 우리가 감정적으로 달성하고자 하는 목표가 무엇인지, 이를 달성하기 위해 어떤 말을 해야 하는지에 대한 계획 말이다. 올바른 감정적 효과를 얻기 위해서는 올바른 표현, 올바른 용어, 올바른 태도가 필요하다. 간단히 말해 소통에 성공하기 위해서는 세심하게 주의를 기울여 계획하고 이를 실행에 옮겨야 한다.

먼저 상황을 인식하는 데서부터 시작해보자. 사실 여기서 많은 사람이 첫 번째 실수를 저지르곤 한다. 연설문 초안을 작성할 때처럼 미리 글로 적어보는 것과 달리, 우리의 의사소통은 결코 빈 종이에서 시작되지 않기 때문이다. 오히려 그와 완전히 반대다. 우리가 주변 사람들과 주고받는 대화는 일종의 모음집으로서, 우리가 지금까지 듣고 말한 모든 내용이 이미 빼곡하게 기록되어 있다.

다시 말해 상대와 나의 대화는 결코 0에서 시작하지 않는다. 우리

가 하는 모든 말은 우리 자신과 대화 상대의 개인적인 '학습 경험'을 바탕으로 하고 있다.

이러한 점에서 볼 때 모든 소통은 개인적이다. 아무리 내용이 전문적이고 객관적이라 해도 마찬가지다. 우리는 대화를 하며 우리가 어떤 사람인지를 드러내고 상대 역시 말을 하며 자신이 어떤 사람인지를 드러낸다. 우리가 하는 모든 말은 우리가 지금 처한 상황 안에서 발생한다. 우리가 실제로 무엇을 말하고 싶은지 결정하기 전에 먼저 이 상황과 배경을 제대로 이해해야 한다.

우리는 왜 소통을 할까? 이유는 '우리가 소통할 수 있기 때문'이다. 여기서 할 수 있다는 뜻은 '능력이 있다'가 아닌 '기회가 있다'는 의미다. 또 다른 이유로 우리는 어떤 특정 목표를 달성하고자 소통하기도 한다. 두 가지 대답 모두 근거가 있지만 이 두 대답은 서로 매우 다른 욕구와 의도를 충족시킨다.

먼저 우리가 '할 수 있기 때문에' 하는 소통은 유대감에 대한 우리의 깊은 욕구를 충족시켜준다. 다른 사람들과 서로 대화를 나누면 우리는 공동체의 일원이 되었다는 느낌, 즉 소속감을 느낄 수 있다. 소속감은 우리를 기분 좋게 만든다.

하지만 어떤 '목표'를 갖고 하는 소통만이 유대감과 자율성이라는 인간의 두 가지 기본 욕구를 동등하게 충족시킬 수 있다. 목표를 가지고 하는 소통에서는 우리가 '표면적으로' 무슨 말을 하는지가 더 이상 중요하지 않다. 우리가 하는 소통에는 어떤 의도가 담겨 있기 때문이다. 그리고 이러한 의도는 '나는 무엇을 말하고자 하는가?'라는 질문으로 이어진다.

나는 무엇을 말할 수 있는가
vs. 나는 무엇을 말하고자 하는가

'나는 무엇을 말할 수 있는가?'라는 질문은 수동적이고 반응적이며 종종 방어적이다. '나는 무엇을 말할 수 있는가?'와 '나는 무엇을 말하고자 하는가?'는 언뜻 보면 의미론적으로 차이가 있는 듯 보이지만, 실제로는 그 의미를 거의 구분하기가 어렵다. 하지만 이것은 착각이다. 그리고 우리는 이러한 착각에 기꺼이 빠져들고 싶어 한다. 왜냐하면 단순히 말할 수 있는 것을 말하는 것보다 '나는 무엇을 말하고자 하는가?'라는 질문에 답하는 것이 훨씬 더 불편하기 때문이다.

내가 당신을 혼란스럽게 했는가? 걱정할 필요 없다. 그렇게 복잡하지 않으니까. '나는 무엇을 말할 수 있는가?'라는 질문을 스스로에게 던져보라. 우리는 상황에 따라(혹은 상황이 종용하는 바에 따라) 말하는 내용을 그때그때 바꾸곤 한다. 이를테면 다른 사람들이 기대하거나 듣고 싶어 하는 말, 오가는 대화에 따라 순간적으로 대처하는 말들이 그렇다. 이처럼 우리가 말하는 내용은 각각의 상황, 다시 말해 우리의 메시지를 오해할 수 있는 사람들에 따라 결정되며, 우리의 감정 상태도 그에 영향을 받는다. 이러한 상황에서 우리는 소통에 소극적이며 '반응'만 할 뿐, 적극적이고 건설적으로 '행동'하지 않는다. '나는 무엇을 말할 수 있는가?'라는 질문에 멈춰 있는 사람은 항상 방어적인 태도를 취하게 된다.

많은 리더가 매일 이런 식으로 소통의 고삐를 놓고 있는 모습을 보면 참으로 놀랍다. 또한 많은 사람이 중요한 인간관계를 위태롭게 하는 모습도 안타깝기 그지없다. 그 이유는 그들이 비판에 공격적으로 반응하거나 조용히 기대에 복종하기 때문이다.

반면에 '나는 무엇을 말하고자 하는가?'라는 질문에 처음부터 집중하는 사람은 자신의 소통 방식을 근본적으로 바꾼다. 이 질문은 '나는 내 말에 대해 책임을 질 준비가 되어 있다'는 의미이기 때문이다. 쳇바퀴처럼 끝없이 반복되는 행동과 반응 속에서 말하지 않고, 지금 여기에서, 명확한 목표를 가지고 말한다는 뜻이다.

여기까지 읽은 독자들 중 많은 사람이 이제 이렇게 생각할 것이다. '무슨 소리야! 나는 늘 명확한 목표를 가지고 말하고 있어!'

과연 정말 그럴까? 당신이 정말로 대화할 때 '나는 무엇을 말하고자 하는가?'라는 질문으로 계획을 세우는지, 아니면 그저 말할 수 있는 여러 가지 대안을 미리 살펴본 다음 그중 하나를 선택하는지 다음의 질문들을 통해 확인해보기 바란다.

> **말할 수 있는 것과 말하고자 하는 것**
>
> 당신은 조만간 누군가와 어떤 주제에 대해 이야기할 기회가 분명 생길 것이다. 그 기회가 찾아오면 상황에 따라 반응하는 식으로 대화하지 말고, 의식적이고 능동적으로 대화해보라.
>
> 빈 종이를 하나 준비하고 두 개의 칸을 만든다. 왼쪽 칸에는 대화 상황에서 할 수 있는 말을 오래 생각하지 말고 그냥 적어본다. 그런 다음 오른쪽 칸에 다음 질문들에 대한 답을 적는다. 그다음에 두 칸을 비교해보라.
>
> - 나는 어떤 감정을 가지고 대화하는가?
> - 상대는 어떤 감정을 가지고 대화하는가?
> - 나는 감정적으로 어떤 영향을 주고 싶은가?
> - 그렇다면 나는 어떤 말을 해야 하는가?

나는 무엇을 말할 수 있는가?	나는 무엇을 말하고자 하는가?
• 지난 한 해 동안 노력한 직원들에게 감사의 말을 전할 수 있다. • 성공적인 지난 한 해에 대해 언급할 수 있다. • 내년에는 상황이 더 힘들어질 수 있다는 사실을 말할 수 있다. • 내년에는 더 큰 노력을 기울여야 한다고 말할 수 있다.	내가 가진 감정: • 전년도 성과에 대한 기쁨과 감사 • 내년의 어려운 상황에 대한 걱정 직원이 가진 감정: • 성공에 대한 기쁨 • 내년에 대한 걱정 • 피로감 • 인정과 신뢰에 대한 욕구 나는 감정적으로 어떤 영향을 주고 싶은가? 긍정적인 동기부여 그렇다면 나는 어떤 말을 해야 하는가? "여러분이 함께 이룬 성공에 감사드립니다. 나는 우리가 내년에도 다시 해낼 수 있을 것이라고 확신합니다!"

당신은 이 예시에서 다음과 같은 사실을 확인할 수 있다. 바로 감정적으로 어떤 '효과'를 목표로 한다면 말할 수 있는 것과 말해야

하는 것이 항상 같을 수는 없다는 점이다. 내년에는 상황이 더 힘들어질 거라고 말하면서 더 많은 노력을 해야 한다고 호소하는 게 과연 직원들의 긍정적인 동기부여에 도움이 될까? 이러한 말은 직원들에게 '내년에 더 열심히 노력하지 않으면…….' 같은 암묵적인 위협과 함께 두려움을 심어줄 뿐이다. 그러면 우리가 의도한 효과는 사라진다. 지난 한 해의 성과에 대해 아무리 감사의 말을 한다고 해도 소용없을 것이다. 인간은 본능적으로 경고 메시지를 더 우선으로 인식하기 때문이다.

대부분의 경우 우리가 할 수 있는 말과 하고자 하는 말은 서로 다르다. 이때 우리 뇌는 더 쉬운 길을 선호하는 경향이 있다. 뇌는 모든 문제에 대해 가장 빠르고 에너지를 가장 절약할 수 있는 쉬운 해결책을 찾곤 한다. 안타깝게도 이 과정에서 우리는 첫 번째로 떠오르는 해결책, 하지만 최선의 해결책은 아닌 '우리가 할 수 있는 말'을 선택한다. 그러나 그보다는 우리가 진정으로 하려는 말을 선택하는 편이 좋다.

특히 우리가 감정적으로 영향을 받는 상황에서는 문제가 더 심각해진다. 우리는 불공정한 일에 분노하고 흥분하며 앞으로 일어날 수 있는 일에 대해 두려움을 느낀다. 이처럼 감정적인 영향을 받은 상태에서는 '이성적으로', 즉 감성지능에 기반하여 소통하기가 결코 쉽지 않다(제8장에서 이에 대해 더 자세히 설명할 것이다). 그 결과, 우리는 감정에 휩싸여 실수하거나 후회할 만한 말을 내뱉기도 한다.

'정신없는 다람쥐'가 되지 않으려면

　매일 수천 건의 회의가 열리지만 회의에서 정확히 어떤 결론이 났는지에 대해 설명하지 못하는 사람들을 정말 많이 본다. 많은 말을 하지만 정작 그 누구하고도 제대로 된 이야기를 나누지 못했기 때문이다. 결국 직원은 상사가 원하는 바를 대충 추측해 일하고, 경영진도 직원들이 무슨 생각을 하는지 그저 어림짐작할 뿐이다.

　소통이 부족한 부부도 이와 다르지 않다. 매일 함께 앉아서 '우리는 대화가 필요해'라고 말하지만 실제로는 그렇게 하지 않는다. 그들은 마치 권투 선수처럼 서로의 주위를 맴돌면서 방어적인 태도를 취하다가 우연히 한쪽이 상대를 가격하여 상처를 입히고 나면, 그때부터 분노와 두려움으로 마구 주먹을 휘두르게 된다.

A기업은 업계를 선도하는 금융 기업이었다. A기업은 수년의 시간과 수백만 달러를 투자해 가부장적이고 위계적인 성향에서 벗어나 신속한 응답과 수평적인 조직 구조를 갖춘 기민하고 현대적인 기술 회사로 탈바꿈했다. IT 분야가 점점 A기업의 핵심 사업이 되어가면서 서로가 이름을 부르는 수평적인 문화가 자리를 잡게 되었다. 수년에 걸친 문화적 쇄신 끝에 경영진의 대변인 자리에 비교적 젊은 직원이 발탁되면서 그들은 마침내 목표에 도달한 듯했다. 그러던 어느날 고위직에 새로 승진한 남성이 전체 직원 회의에서 대변인에게 크게 호통쳤다. "내가 자네 친구라고 생각하나!" 그 남성은 자신보다 어린 직원이 자신의 이름을 부르며 질문하자 경영진인 자신을 존중하지 않는다고 느꼈다. 그는 젊은 직원이 무례하다고 느꼈고, 그러자 그의 뇌가 빠른 해결책을 찾은 것이다. 결국 회사가 지금까지 그토록 이루려고 했던 수평적인 문화는 그 한 번의 호통으로 순식간에 물거품이 되고 말았다. 그가 한 말은 '나는 무슨 말을 할 수 있는가?'라는 질문에 대한 답이었다. 만약 그가 '나는 무엇을 말하고자 하는가?'라고 자문해보았다면 분명 더 현명한 대답을

생각해냈을 것이다.

어떤 문제에 직면했을 때 '무엇을 말할 수 있는가?'라는 질문만을 던지는 기업은 정신없이 먹이를 찾는 다람쥐와 같은 상태에 빠진다. 즉 어떻게든 눈앞의 도토리를 찾으러 다니는 다람쥐처럼 소통의 근본적인 목적은 생각하지 않고 당장의 문제 해결을 위해 '무슨 말이라도 하고자' 모을 수 있는 온갖 사실과 지식들을 모은다.

끔찍하기는 하지만, 한 자동차 제조사가 자신의 핵심 사업을 이러한 방식으로 운영한다고 잠깐 상상해보자. 그러면 새 자동차 모델이 어떤 모습이어야 할지를 묻는 질문에 사용 가능한 모든 원자재와 부품, 조립품을 한데 쌓아놓은 뒤 가장 가까이에 있는 도구를 집어 들고 그냥 보이는 대로 조립한 자동차를 해답이랍시고 내놓게 될 것이다. 당신은 이 제조사의 자동차를 구입하겠는가? 아니면 이 제조사의 주식을 사겠는가? 아마 그럴 일은 없을 것이다.

이처럼 정신없는 다람쥐처럼 행동하는 것은 목표지향적이고 효과적인 소통에 매우 비생산적이다. 문제는 그럼에도 대부분의 조직이 정신없는 다람쥐처럼 행동한다는 것이다. 볼이 터져라 도토리를 넣은 다람쥐 꼴이 되어 온갖 지식을 가지고 있으면서도 나무만 볼 뿐 숲을 보지 못한다. 조직이 이렇게 사실에만 집중하다 보면 소통은 항상 같은 생각과 같은 말, 같은 서사Narrative에 갇히게 된다. 그 결과 실수가 굳어지고 가능한 해결책을 간과해버린다.

구체적인 목적 없이 도토리 모으기에 급급해하는 행동은 조직과 기업뿐만 아니라 개인에게서도 일어난다. 다음 휴가지를 정하는 일에서든, 누군가의 비판에 대한 반응이든 우리는 대화의 목표와 의도에 대해 또는 자신의 말이 상대와의 관계에 어떤 영향을 미치는지에 대해 잠깐이라도 검토하거나 생각하지 않고 그냥 자기 생각을 무심코 말로 내뱉는다. 그저 '할 수 있는 말'만 하는 것이다. '하고자 했던 말' 대신 상황을 빨리 해결하고 싶은 마음에 혹은 벗어나고 싶은 마음에 그냥 입에서 나오는 대로 말을 내뱉곤 한다. 그러고선 나중에 조금의 자기반성도 없이 "그때 어쩌다 보니 그냥 그렇게 얘기한 거야."라고 말하곤 한다. 이런 말은 쓰레기를 예쁘게 포장하는 것 그 이상도 이하도 아니다. 그리고 내가 할 수 있는 말만 생각하는 이러한 대화는 어둠 속에서 총을 쏘는 것과 같다. 누군가는 분명 그 총에 맞을 것이다. 하지만 누가 어떻게 맞을지는 아무도 알 수 없다.

어떤 사람들은 다소 너그러운 미소를 지으며 '내 배우자도 맨날 그래!'라고 말할지도 모르겠다. 어디 배우자뿐이겠는가. 우리 모두는 이러한 함정에 계속해서 빠질 위험이 있다. 특히 감정이 격한 상황이라면 더더욱 그렇다. 그럴 때면 우리는 어떤 목표도 정하지 않고, 정말로 얻고자 하는 것이 무엇인지 전혀 생각하지 않은 채 거칠게 이야기한다.

이 책의 목표는 그동안 우리가 얼마나 바보처럼 행동하고 있었는지 서로에게 보여주기 위함이 아니다. 우리가 여기서 함께 달성하고자 하는 것은 다른 종류의 소통, 즉 명확한 목표에 초점을 맞춘 대화다. 이러한 대화는 과거의 이야기, 나에 대한 상대의 기대, 또는 상황의 역동성에 따라 결정되지 않는다. 그보다는 서로를 돕고자 하는 바람과 노력에서 비롯된다.

우리가 목표에 초점을 맞춰 성공적으로 소통한다면 지금보다 스트레스를 덜 받고 삶을 자유롭게 더 잘 가꾸어나갈 수 있다. 그리고 더 나아가 우리의 공통점인 유대감을 강화하여 더불어 사는 삶을 훨씬 더 즐겁게 만들 수 있다.

빠르고 쉬운 해결책에서 사려 깊은 소통으로

 우리가 하는 말이 무엇보다 감정에 먼저 영향을 미친다면, 그리고 '무슨 말을 하고자 하는가'라는 질문에 답하려면 다음 질문에 대한 답을 결정해야 한다. 바로 '나는 감정적으로 무엇을 얻고자 하며 상대에게 감정적으로 어떤 영향을 주기 위해 노력할 것인가'다.

 이는 소통에 대한 새로운 관점을 열어주는 중요한 패러다임 전환의 첫 단계다. 이러한 질문을 던질 수 있을 때 우리는 정신없이 먹이를 찾는 다람쥐에서 똑똑하게 목표 지향적인 소통을 하는 여우가 될 수 있다.

"인생에서 가장 긴 여행은 머리에서 가슴으로 가는 여행이다."라는 말이 있다. 소통 문제와 우리의 가능성을 제대로 이해했을 때만이 우리는 인내와 꾸준한 연습을 통해 '말할 수 있는 것'을 '말하고자 하는 것'으로 바꾸어나갈 수 있다. 이는 아주 긴 여정이며, 어떻게 보면 결코 끝나지 않는 과정이다.

우리는 결코 완벽할 수는 없겠지만 다른 사람들과 점점 더 능숙

> **내 감정을 돌아보는 연습**
>
> 최근의 소통 상황을 하나 떠올려보라. 이때 당신이 어떤 말을 했고 대화가 어떻게 끝났는지는 잠깐 잊고, 대화의 시작 부분만을 떠올리며 다음 질문에 답해보자.
>
> - 나의 감정 상태는 어땠는가?
> - 대화 상대는 어떤 감정을 보였는가?
> - 만약 지금 다시 같은 상황에 처한다면 상대에게 어떤 감정을 끌어내고 싶은가?
> - 그렇다면 나는 어떤 말을 해야 할까?
>
> 이 질문들에 답하면서 상황에 대처하는 당신의 방식이 점차 달라지는 것이 느껴진다면 다른 경우에도 같은 방법을 시도해보라. 그러면 그 방법이 점차 습관으로 자리 잡을 것이다.

하게 이야기할 수 있게 될 것이다. 머지않아 '나는 감정적으로 무엇을 얻고자 하는가?'라는 질문이 소통의 어려움에 대응하는 자연스러운 움직임이 될 것이다. 그리고 그렇게 되면 우리는 더 이상 '빠르고 쉬운 해결책'에 만족하지 않을 것이다. 나아가 '그냥 할 수 있는 말을 내뱉는 것'에서 사려 깊은 소통, 감성지능적 소통으로의 질적인 도약을 이룰 것이다.

제3장

친절함의 선물

두 번째 말하기 도구 – 상냥함

공식 석상에서 발표를 준비하기 위해 나를 찾아왔던 한 고객은 업계에서 매우 영향력 있는 리더 중 한 명이었다. 그녀는 명망 있는 대학을 나와 흠잡을 데 없는 커리어를 보유하고 강력한 리더십까지 갖춘 보기 드문 사람이었다. 그녀는 자신이 이룬 이러한 성공 덕분에 사회적으로 영향력이 높은 위치에서 활동하고 있었다. 하지만 모든 것을 갖춘 듯 보이는 그녀에게는 '비호감'이라는 꼬리표가 항상 따라다녔다. 게다가 당시 그녀는 괄목할 만한 성과에도 불구하고 평판이 좋지 못한 조직을 이끌고 있었다.

어떻게 하면 매우 똑똑하고 유능한 이 리더가 이러한 인식의 함정에서 벗어날 수 있도록 도울 수 있을까? 나는 그녀에게 사람들이 다른 사람을 좋아하는 이유는 똑똑하고 성공해서가 아니라 친절하기 때문이라고 조심스럽게 말을 건넸다. 그러자 그녀는 당당하게 이렇게 대답했다. "저는 친절하거든요!" 사실 나는 사적인 모임을 통해 그녀가 아주 멋있고 때로는 유머러스한 사람이라는 사실을 잘 알고 있었다. 다만 그녀가 공적인 자리에서는 매우 절제되고 객관적인 태도를 보였기 때문에 잘 드러나지 않았을 뿐이었다. 그래서 나는 이렇게 조언했다. "그러니까요! 당신이 친절한 사람이라는 걸 보여주세요!"

인간관계에서 친절한 태도가 도움이 된다는 것은 따로 설명하지 않아도 누구나 아는 사실이다. 미소는 성공적인 소통의 문을 여는 열쇠다. 진심이 담긴 '감사합니다'는 은근히 드러내는 자기 자랑보다 더 강한 유대감을 형성한다. 그리고 진심 어린 '부탁드립니다'는 어설픈 격려보다 더 많은 연대감을 만들어낸다.

다른 사람에게 자신이 얼마나 똑똑한지(혹은 효율적인지, 재능이 뛰어난지)를 보여주기만 하는 사람은 소통 차원에서 많은 것을 이루지 못한다. 심지어 그들은 모든 상황을 제대로 이해하지 못하기 때문에 듣는 사람을 당황하게 만들기도 한다. 그렇게 이 사람에 대한 평가에는 '와, 저 사람은 참 똑똑해!'와 '음, 내가 멍청한가?'라는 두 가지 선택지만 남게 되며, 상대는 종종 두 가지를 동시에 선택하기도 한다. 이는 소통의 범주에서 명백히 부정적인 쪽에 해당한다. 반면 뻔한 말이나 심지어 말도 안 되는 말을 하는 사람이라도 '저 사람은 정말 친절하네!'라는 평가를 받는 사람은 우레와 같은 박수를 받는다.

사람들은 똑똑한 사람의 말이 아닌 친절한 사람의 말을 듣고 싶어한다.

훌륭한 의견보다 친절함에 더 많은 의미가 부여되는 이러한 놀라운 메커니즘(물론 이것이 항상 유익하지만은 않다)을 우리는 어린 시절부터 배운다. 어릴 때부터 고마울 때는 '감사합니다'라고, 도움이 필요할 때는 '부탁합니다'라고 말해야 한다고 배운다. 그리고 이러한 언어적 제스처는 우리가 생각하는 것보다 대인 관계에 깊은 영향을 미친다.

앞서 대화를 본격적으로 시작하기도 전에 우리 뇌가 우리의 안전 여부를 확인한다는 사실을 이야기한 바 있다. 예를 들어 앞에 있는 사람이 악어처럼 위협적으로 느껴진다면, 우리 뇌는 투쟁-도피 반응(긴박한 위협 앞에서 자동적으로 나타나는 생리적 각성 상태 — 옮긴이)에 따라 대화가 시작되기도 전에 대화를 끝내버리려고 한다.

현대 사회를 사는 우리 뇌가 여전히 그렇게 작동한다는 것이 어쩌면 이상하게 생각될 수도 있다. 우리는 더 이상 포식자에게 잡아먹힐 위험이 도사리는 세상에 살고 있지 않으니까 말이다. 하지만 우리의 사고 기관은 여전히 많은 부분에서 석기시대 사람의 뇌 모델과 구조적으로 동일하다.

한 가지 좋은 소식은 대화하는 상대도 나와 똑같은 뇌를 가지고 있다는 것이다. 그러므로 말을 꺼내기 이전에 친절하고 상냥한 태도를 취하면 신뢰의 기반을 쉽게 다질 수 있다. 어깨를 축 늘어뜨리거나 이마를 잔뜩 찡그리거나 땀을 흘리며 긴장한다면 제대로 대화할 수 없게 된다. 싸우자고 선전포고를 하려는 것이 아니라면 이러한 행동은 하지 않는 것이 좋다.

다정한 대화만이 살아남는다

나치 시대의 도덕적 붕괴와 파괴적인 혼돈을 겪은 후 독일은 20세기 중반 동안 재건을 시작해야 했다. 굶주림과 주택 부족 문제가 발생하면서 사람들 사이에는 생존에 대한 극심한 공포가 드리워졌다. 이러한 상황에서는 무엇보다 다른 사람들을 밀치고 앞으로 나가는 사람들이 확고한 위치를 차지할 수 있었다. '팔꿈치'는 중요한 생존 도구였다. 권력의 위계질서는 단기적으로 매우 효율적인 시스템처럼 보였다. 물론 장기적으로는 지속적이고 성공적인 연대를 보장하지 못하더라도 말이다.

그리고 이 시기에 성장한 지도자층에게는 다음과 같은 메시지가 강하게 자리 잡았다. "약점을 드러내지 말라. 비즈니스는 본래 힘든 것이다." 오늘날에도 우리는 여전히 이런 시대착오적인 리더십 마인드를 지닌 지도자들을 만난다. 이렇게 리더십을 일단 내면화한 사람은 잠재적인 비즈니스 파트너나 경쟁자, 동료에게 웃는 얼굴로 다가가지 않는다. 당연히 진정한 파트너십과 연대가 생겨날 리 없다. 그들에게 비즈니스 파트너는 '비즈니스 적敵'이며 동료는 항상 다음 승진을 눈앞에서 빼앗아갈 수 있는 '경쟁자'다.

오직 강한 자만이 살아남으며 힘(권력)으로 밀어붙이는 것이 결국에는 협력보다 더 많은 결실을 가져온다는 내면의 깊은 확신은 오늘날까지도 우리 사회의 강력한 내러티브 중 하나로 남아 있다. 이러한 강자의 문화가 널리 퍼져 있다 보니 공격적이고 소통을 방해하는 행위가 자기주장의 표시이자 나아가 리더십이라고 여기도 사람도 많다. 그들은 다른 사람들이 웃음을 짓는 이유가 뺨을 한 대 맞지 않기 위해서고, 그래서 뺨을 맞을 일이 없는 사람은 굳이 웃을 필요가 없다고 생각한다. 웃지 않아도 다른 방식으로 자기 뜻을 관철할 수 있기 때문이다.

나는 리더층에 자문을 할 때마다 본래 성정은 온화하고 친절한 사람인데도 최고의 자리를 놓고 경쟁할 때에는 끊임없이 굳은 표정을 지어야 한다고 생각하는 사람들을 종종 만난다. 그들은 항상 불쾌감을 느끼면서 다른 사람들이 협동심이나 남을 도우려는 마음이 부족하다고 불평하며, 심지어 지능도 떨어진다고 몹시 투덜댄다. 또 어떤 사람들은 시종일관 주먹을 불끈 쥐고 있는 듯한 표정을 짓기도 한다. 그들은 일부러 그런 표정을 연기하는 게 아니라 자신의 감정을 그대로 표현하고 있을 뿐이다. 이는 진솔함이 성격적으로 늘 좋은 특성이 되지는 않는다는 점을 보여준다. 아주 진솔해도 재수 없는 사람이 될 수 있다.

이러한 사람들은 '다양성'과 '협력', '민첩한 경영' 같은 거시적인 이야기하길 좋아하지만, 커피머신 앞에서 이루어지는 간단한 대화도 잘 못하는 경우가 많다. 수많은 연구에 따르면 기업의 경영진에서 사이코패스와 나르시시스트의 비율이 전체 인구 대비 몇 배나 높다고 한다. 이는 강자와 독단적인 자들의 문화로, 감성지능적 소통의 싹을 잘라낸다.

우리는 모두 친절해야 한다는 것을 알고 있고 또 대부분은 그렇게 되기를 원한다. 문제는 우리가 '터프가이'의 문화 속에 살고 있다는 것이다.

우리는 살면서 직면하는 모든 경험을 우리 힘으로 통제할 수 없다. 특히 잘못된 학습 경험이나 트라우마로 굳어지기 쉬운 어린 시절의 경험은 더욱 그러하다. 하지만 이러한 경험에 어떻게 대처할지, 그로부터 무엇을 배울지는 스스로 결정할 수 있다. 싸우기로 마음먹고 이에 상응하는 외적인 행동을 취할 것인가? 아니면 우호적이고 개방적인 연대의 긍정적인 잠재력에 초점을 맞출 것인가? 어느 쪽이든 우리가 취하는 태도는 앞으로의 모든 인생 경험에 큰 영향을 미칠 것이다.

미소를 짓고 있는가? 입을 꾹 다물고 있는가?

다른 사람을 대하는 방식은 대부분 습관이다. 대화 상황에서 습관적으로 어떻게 행동하고 있는지 자신의 모습을 관찰해보라.

- 나는 대화 상대에게 다가갈 때 미소를 짓는가?
- 나는 대화 상대의 눈을 바라보며 말하는가?
- 나는 대화할 때 긴장을 풀고 있는가?(만약 입을 꾹 다문 채 혀를 입천장에 대고 있다면 긴장하고 있다는 표시다.)

눈을 마주치고
웃으며 이야기하는 법

    여기 항상 갈등과 충돌을 대비하는 사람이 있다. 그는 자신에게 호의적인 사람은 세상에 없다고 생각하며 시종일관 굳은 표정으로 사람들을 대한다. 그는 주변 사람이 항상 자신을 예의주시하는 눈길로 바라보며 회의적이고 심지어 전투적인 태도로 바라본다고 느낀다. 그리고 이러한 부정적인 가정은 결국 현실이 된다. 굳은 표정이 자기충족적 예언처럼 작동하는 것이다.

    이는 타인과의 상호작용에 큰 잠재력을 지닌 우리의 뇌 기능이 작동한 결과다. 우리 뇌에는 이른바 '거울 뉴런'Mirror Neuron이라는 것이 있다. 거울 뉴런은 다른 사람의 몸짓과 표정, 자세를 모방하게 만드는 신경 세포로, 유아기에 일찌감치 형성된다. 거울 뉴런이 하는 일은 간단히 말해서 실제로 어떤 행동을 하지 않더라도 그 행동을 수행하고 있다는 '느낌'을 뇌에 제공하는 것이다. 그런 점에서 거울 뉴런은 학습 과정뿐만 아니라 공감 능력에도 매우 중요한 역할을 한다.

활짝 웃으며 친근한 말을 건네는 이웃을 만나면 기분이 좋아지고 나도 모르게 따라서 웃게 된 경험이 있을 것이다. 이처럼 긍정적인 감정은 스스로 계속 강화되어 모두가 미소를 지으며 서로를 대하는 연쇄 작용을 낳고 '오늘은 좋은 날'이라는 확신을 심어준다. 심리학자들은 이 현상을 '감정 전염'Emotional Contagion이라는 용어를 써서 설명한다.

하지만 이는 우리의 기분을 완전히 반대로 움직이게 할 수도 있다. 만약 당신이 집 밖에 나서며 만난 이웃에게 혐오로 가득한 눈길을 보낸다고 해보자. 그러면 그 이웃도 당신을 똑같은 눈빛으로 쳐다볼 것이다. 두 사람은 '오늘은 또라이들만 만나네!'라는 생각으로 기분이 몹시 나빠진다.

우리가 주변 사람들을 대할 때 굳은 표정을 짓는 것은 부정적인

경험이 남긴 상처의 표현이다.

　지난 25년 동안 뇌 연구를 통해 밝혀진 새로운 사실 중 가장 놀라운 것이 무엇인지 아는가? 바로 우리가 다른 사람에게 미소를 지으면 상대의 뇌보다 우리의 뇌에서 이른바 행복 호르몬이 더 많이 분비된다는 점이다. 그러므로 성공적으로 소통하고 싶다면, 상대가 공격적이거나 방어적인 태도를 보이지 않게 하고 싶다면, 내가 제공하는 정보를 상대가 받아들이도록 하고 싶다면 친절한 태도를 보이고 적절한 신호를 보내라. 장례식이나 이별의 순간 등 미소가 적절하지 않은 상황을 제외하면 모든 상황에서 진정한 미소는 긍정적이고 따뜻한 소통을 여는 열쇠가 되어준다.

　물론 진정한 미소를 짓기가 쉬운 일은 아니다. 어떤 사람들은 선천적으로 '웃는 얼굴'을 타고나는 반면에 클라우스 킨스키Klaus Kinski(독일의 배우 ― 옮긴이)처럼 본래 인상 자체가 울상인 사람도 있다. 그냥 편안하게 있는데도 다른 사람이 보기에 짜증이나 화를 내는 것처럼 보이는 사람들 말이다. 이러한 인상을 가진 사람들은 진심으로 설득력 있는 미소를 짓기가 쉽지 않다. 하지만 결코 불가능한 일도 아니다.

　인위적인 친절함으로도 따뜻한 대화가 가능하다. 실제로 우리는

> **당신의 뇌를 속여라!**
>
> 대화를 나누고 싶은 상대가 당신을 불편하게 하거나 긴장된 상황 탓에 도저히 미소를 지을 수 없다면, 당신의 아이나 반려견과 이야기한다고 상상해보라. 또는 언제나 당신에게 즐거움을 주는 사람과의 대화를 떠올려보라.
> 흥미로운 사실은 인위적인 미소를 지어도 뇌에 긍정적인 기분이 들며, 실제로도 기분이 좋아진다는 것이다. 그런 식으로 뇌를 속이다 보면 언젠가 진짜 미소도 자연스럽게 지을 수 있게 될 것이다.

누군가와 대화하며 항상 긍정적인 기분을 느끼지는 않는다. 대화에 대한 강박은 누구나 잘못된 길로 들게 할 수 있다. 이럴 때는 감성지능에 바탕을 둔 행동 방식을 내면화하는 것이 도움이 된다. 이를테면 미소를 짓거나 악수를 하거나 친절한 말을 건네는 것이다. 이러한 사회적 관습에 따른 예의 있는 행동들을 하다 보면 자연스럽게 친절함의 길로 가게 된다.

왜 늑대의 탈을 쓴 양이 되려고 하는가?

우리가 감정과 기분을 얼마나 명확하게 표현하느냐에 따라 그 감정과 기분이 더 강해져서 앞으로의 우리 행동에 영향을 미칠지, 아니면 그것을 극복할 수 있을지가 결정된다. 특히 집단 내에서 이러한 감정적 전염 현상을 쉽게 관찰할 수 있다. 집단에서는 감정 표현이 매우 강력하게 작용하기 때문에 감정적으로 표현력이 가장 뛰어난 집단 구성원이 전체 분위기를 좌우하곤 한다. 만약 표현이 좋지 않은 쪽으로 심화되면 폭도를 형성하거나 집단 공황이 발생하는 등 극도로 불편한 상황으로 이어지기도 한다.

반대로 이러한 메커니즘이 긍정적인 공동체 경험을 가능하게 하기도 한다. 다른 사람에게 긍정적인 영향력을 전파시키는 사람은 그 공간의 분위기를 주도한다. 흔히 말하듯 '좋은 기분에 전염되는' 현상이 이것이다. 이와 비슷한 맥락에서 사회 심리학자들은 '사회적 전염'Social Contagion이라는 용어로 이 현상을 설명하기도 한다.

다른 사람들에게 좋은 기분과 긍정적인 태도를 전염시키는 것은 마법 같은 일도 아니고, 특별한 말재주나 카리스마가 있어야만 가능한 일도 아니다. 당신이 가진 능력이 무엇이든 간에 다른 사람들을 전염시킬 수 있으며, 일단 그렇게 되면 그 뒤의 나머지 과정은 거울 뉴런의 손에 맡겨진다. 그리고 바로 여기에서 알맹이와 껍데기가 구별된다. 즉 진정으로 긍정적인 태도를 가진 사람들과 그러한 태도를 보이는 게 유리하다는 사실을 머리로만 아는 사람들로 말이다.

우리는 우리 주변의 그런 사람들을 잘 알고 있다. 그들은 환하게 웃으며 큰 소리로 인사를 한다. 또한 종업원과 직원들의 이름을 기억하고 그들에게 아주 친근하게 말을 건넨다. 프로젝트가 어떻게 진행되고 있는지, 동료의 딸이 새 학교에서 어떻게 지내는지 묻는다. 그들은 대체로 매력적인 사람들이다. 하지만 그들에게 아주 가까이 다가가면 얘기가 달라진다. 그들은 자신이 공격받을 수 있거나 이미 공격받았다고 느낀다. 그리고 그 순간 폭풍우가 내리치듯 감정이 격해지고 비난과 모욕을 쏟아내며, 이에 상대는 깊은 상처를 안고 발걸음을 돌리게 된다.

우리 뇌는 기본적으로 행복한 얼굴을 선호한다. 개가 냄새를 맡으며 간식을 찾듯이 인간은 다른 인간의 웃는 얼굴을 찾는다. 심지어 우리 뇌는 군중 속에서 비우호적인 얼굴보다 친근한 얼굴을 더 빨리 인식한다. 이러한 이유에서 경호나 보안업체 직원들은 '뭔가 수상하다'고 여겨지는 얼굴을 식별하기 위해 별도의 훈련을 받기도 한다.

이렇듯 인간은 끊임없이 조화와 친근함을 추구하는 존재다. 이 사실은 한편으론 안심이 되기도 하지만 동시에 우리를 혼란스럽게도 만든다. 왜냐하면 경쟁이 치열한 오늘날 현대 사회에서는 '인간은 인간에게 늑대다'라는 신화에 거의 강박적으로 집착하기 때문이다.

나와 당신은 근본적으로 양의 탈을 쓴 늑대가 아니다. 우리는 본질적으로 친절하고 공감 능력이 있는 양이다. 하지만 어떤 사람들은 늑대 가죽을 걸치는 것이 자신의 우월함을 보장한다고 생각한다.

경쟁적인 사고가 뚜렷한 세상에서 협력은 매우 혁신적인 결과를 가져올 수 있다. 협력을 향해 첫발을 내딛는 사람들은 일면 큰 위험을 감수하는 것처럼 보인다. 하지만 다른 사람을 믿는 용기가 있어야만 다른 사람의 강점과 자원을 활용하여 더 큰 목표를 함께 달성할 수 있는 법이다.

우리는 서로 싸우면서 힘을 빼기보다는 함께 일하면서 개인의 능력을 훨씬 뛰어넘는 집단적 힘을 발휘하는 방향으로 나아가야 한다. 아이디어와 관점을 서로 교환하다 보면 혁신과 창의성이 촉진된다. 협력은 궁극적으로 신뢰를 형성하고 사회적 유대를 강화하여 개인의 번영뿐만 아니라 조화롭고 안정적인 사회로 나아갈 수 있도록 도와주는 열쇠임을 기억해야 한다.

내재된 유대감을 깨우는 감성지능의 힘

의학 드라마 〈뉴 암스테르담〉을 보면 새로운 의료 팀장인 맥스 굿윈 박사가 미국에서 가장 오래된 공립 병원에 새로 부임하며 환자의 치료를 위해 기존의 시스템을 뒤엎는 장면이 나온다. 환자의 치료를 최우선으로 생각하는 것만큼 굿윈은 함께 일하는 의료진들도 적극적으로 돕고 싶어 한다. 그래서 그는 거의 모든 대화를 '내가 뭘 도와주면 될까요?'라는 말로 시작한다.

오직 환자만을 위한 병원을 운영하는 의사라니! 진정으로 팀원들을 도울 의지가 있는 팀장이라니! 우리가 이런 드라마를 보고 싶어 하는 데는 다 이유가 있다. 우리는 주변에 굿윈 같은 사람이 있기를, 자신이 굿윈 같은 사람이 되기를 원한다. 다른 사람의 문제를 함께 고민하고 마음속 깊이 그들을 돕고자 하는 사람들은 언제 어디서나 환영받기 때문이다! 그것이 의도적인 가식이나 연기가 아닌 진정으로 문제를 함께 고민하고 도우려는 마음에서 비롯됐다면 말이다.

다른 사람을 진심으로 친절하게 대하고 마음을 다해 공감하고 호기심을 갖는 진정성 있는 태도만이 친절과 공감, 신뢰를 전달할 수 있다. 우리 모두에게 내재된 이러한 감정들을 스스로 발견하고 육성하는 것이 중요한 이유가 바로 여기에 있다. 이러한 감정들은 인간이 공통적으로 갖고 있는 '유대감에 대한 기본 욕구'를 충족시켜주기 때문이다. 그래서 어린 시절의 트라우마로 유대감에 대한 욕구가 뇌 속에 억눌려 있거나 차단된 상태가 아니라면 언제든지 다시 활성화시킬 수 있다.

다른 사람과 유대감을 느끼고 싶은 소망, 정보를 교환함으로써 서로 돕고자 하는 소망은 우리 내면 깊숙이 자리 잡고 있다. 그리고 이것이 모든 소통의 근원이다. 이는 앞서 언급한 거울 뉴런을 다시 상기시킨다.

하지만 이 작은 신경 세포가 인간관계에 큰 효력을 발휘한다는 사실은 교활한 사람들이나 남을 조종하기 좋아하는 사람들에게 종종 악용되기도 한다. 그들은 의도적인 어떤 행동으로 상대에게 친근감을 보여주려고 한다. 최소한의 노력으로 조종을 하는 것이다. 한 사람이 다리를 꼬면 다른 사람도 따라서 다리를 꼰다. 한 사람이 뒤로 기대어 손가락으로 머리카락을 만지면 다른 사람도 등을 기대고 머리를 손으로 어루만진다. 이들은 이런 의도적인 친근감을 통해 강력한 협력 관계를 구축할 수 있는 견고한 신뢰가 만들어지리라 생각한다.

다행스러운 소식은 이런 행동들이 별 효과가 없다는 것이다. 여러 연구에 따르면 실제적인 유대감 없이 순전히 외부적인 행동만 따라 하는 것은 특별한 반응을 유발하지 않는다. 이는 소통에 있어 의도적으로 만들어진 신호가 아닌 훨씬 더 깊은 유대감이 중요하다는 점을 시사한다.

감성지능 연구의 선구자인 대니얼 골먼은 자신의 저서 《사회 지능》Social Intelligence에서 감성지능이 우리 안에 얼마나 깊이 뿌리내리고 있는지를 설명한다. 우리가 무의식적으로 보내는 비언어적 메시지는 종종 우리가 하는 말보다 수신자에게 더 강력한 영향을 미친다. 골먼은 다양한 연구를 인용하여 긍정적인 유대감이 대화 내용 자체보다 더 큰 의미를 지닌다는 사실을 보여주었다. 이를테면 한 실험에서 관리자가 직원에게 매우 비판적인 피드백을 주었다. 혹독한 비판을 받은 직원은 기분이 나빠야 하는 게 당연했지만 그는 전반적으로 기분이 좋은 상태로 대화를 끝냈다. 이게 어떻게 된 일일까? 사실 관리자는 직원들과 오랫동안 건강한 대인 관계를 맺고 있었고 그 직원에게도 따뜻한 마음을 품고 있었으며 직원 또한 그 사실을 잘 알았다. 그들 사이에 이미 존재했던 긍정적 유대감이 비판적인 피드백을 건설적인 조언으로 바꿔놓은 것이다.

또 다른 실험에서는 친구들 간의 대화에서 대화 당사자들의 호흡 리듬이 서서히 같아진다는 결과를 얻었다. 그리고 이는 양육이나 교육에 의한 것이라기보다는 본능에 가깝다. 아직 말을 못하는 유아들이 함께 노는 모습을 관찰해보라. 아이들은 말로 의사소통을 하지는 못하지만 한 아이가 다른 아이를 따라 아주 즐거워하거나 울음을 터뜨리는 등 놀라울 정도로 서로 일치된 동작을 보인다. 우리는 이렇게나 친밀하게 가까워질 수 있다!

거울 뉴런이 우리의 상호작용에 미치는 영향에 대한 인식은 비교적 새로워 보이지만, 사실 우리가 이에 대해 알기 시작한 것은 약 30년 전부터다. 그런데도 우리는 이를 내면화하지 않았고 심지어 거부하기도 한다. 그 이유는 '모든 인간은 인간에게 늑대'라는 믿음과 모순된다고 생각하기 때문이다. 이 신화는 여러 세대에 걸쳐 인간관계에 대한 이해에 큰 영향을 미치고 갈등을 정당화하며 우리의 경제 시스템을 변화시켰다. 우리는 이제 이것이 사실이 아님을 안다. 용감하게 앞장서서 이러한 인식을 받아들이고 이를 소통에 통합하는 사람만이 진정한 감성지능적 소통을 할 수 있다.

감성지능적 소통의 한 형태인 친절은 우리 자신의 행복과 다른 사람과의 상호작용에 깊은 영향을 미친다. 긍정적인 외적 태도는 내적 태도를 개선하고 자신감과 만족감을 높여준다. 우리가 친절한 태도를 보이면 사람들 사이의 관계가 편안해질 뿐만 아니라, 다른 사람들도 친절하게 행동하도록 영향을 미친다. 이러한 상호 간의 친절은 신뢰하고 협력할 수 있는 환경을 조성하여 당사자 모두에게 유익함을 제공한다. 궁극적으로 우리의 외적 태도는 우리 내면에 영향을 미칠 뿐만 아니라, 우리를 둘러싼 환경에도 연쇄적으로 긍정적인 변화를 일으킬 수 있다.

제4장

'나와 상관없는 이야기'에서 '내 이야기'가 되려면

세 번째 말하기 도구 – 관련성

우리 뇌에도 문지기가 산다는 사실을 아는가? 이 엄격하고 깐깐한 문지기는 가차 없이 정보를 분류해 관련성이 없는 것은 절대 뇌 안으로 들여보내지 않는다. 의사소통이 이루어질 때도 이 문지기의 영향을 크게 받는다. 즉 우리가 누군가와 대화를 나눌 때 상대방이 지금 나누는 대화의 주제가 자신과 어떤 관련이 있는지 모른다면 상호작용은 일어나지 않는다.

내가 약 40년 동안 TV 방송 일을 하면서 가장 흥미로웠고 궁극적으로 가장 만족스러웠던 작업 중 하나는 가계도 연구에 관한 다큐멘터리 시리즈를 진행한 것이었다. 솔직히 말하면 나는 어느 조상이 어느 지역으로 이주를 하고 무슨 일을 했는지 별 관심이 없었다. 그보다 내게 더 흥미로웠던 것은 계보학이 이 프로그램이 전하고자 하는 메시지를 전달하는 데 매우 효과적인 수단이었다는 점이다. 말하자면 역사적 사건이 개인의 운명을 어떤 식으로 바꿔놓는지, 품위 있는 인생이란 무엇인지, 일상의 영웅이 주는 감동 같은 메시지 말이다.

첫 번째 에피소드 몇 편이 촬영되었고, 그 결과물은 기대 이상이었다. 그러나 우리는 프로그램을 제작하면서 한 가지 중요한 요소를 잊고 있었다. 바로 시청률이었다. 첫 회가 방영되는 동안 시청자 수가 불과 몇 분 만에 급감했다. 우리의 훌륭한 역사 다큐멘터리가 조기 종영할 위험에 놓이게 되었다. 우리는 모든 스토리를 면밀히 조사하고 정보와 재미가 되는 부분을 적절히 조합하여 프로그램을 구성했지만 이 스토리가 '왜' 중요한지를 시청자에게 제대로 전달하지는 못했던 것이다.

다행히도 이 문제는 간단한 방식으로 해결되었다. 우리는 프로그램 시작 전 화면에 이 다큐멘터리가 시청자와 매우 관련성이 높다는 자막을 삽입했다. "다음의 이야기는 과거를 살아간 사람들의 이야기지만 지금을 사는 우리의 이야기이기도 합니다. 왜냐하면……." 이 프로그램이 시청할 가치가 있다는 사실을 알려주도록 말이다! 이렇게 조금 수정을 한 덕분에 이 시리즈는 종영하지 않고 수년 동안 많은 팬을 확보할 수 있었다.

이 일화는 우리가 소통하는 상대의 뇌 속에도 깐깐한 문지기가 산다는 사실을 끊임없이 의식할 때 어떤 차이가 생겨나는지를 잘 보여준다. 우리 뇌에 문지기가 살듯이 상대의 뇌 속에서도 문지기가 열심히 일하고 있다! 하지만 많은 미디어 제작자들이 이 사실을 간과하곤 한다.

뇌 속의 '문지기'부터 설득하자

새로운 대화가 시작될 때마다 우리 뇌는 일종의 2단계 프로토콜을 작동시킨다. 먼저 대화 상대가 나에게 위협이 되는지 그렇지 않은지를 판단한다. 그런 다음 상대가 제공하는 정보가 나와 관련이 있는지를 철저하게 확인한다.

그렇다. 그 내용이 '나에게' 중요한 것인가가 핵심이다.

관련성을 묻는 질문은 일종의 자동 필터와 같은 것으로, 우리는 보통 이를 의식적으로 인식하지 못한다. 이 필터의 문제점은 뇌의 주인이 되는 우리와 일일이 논의하지 않고 메시지의 중요도를 알아서 판단한다는 것이다. 물론 간혹 이러한 판단 결과에 대해 매우 의식적으로 대처할 때도 있지만 대부분의 경우에는 자동 필터로 걸러낸다.

그리고 부정적인 감정이 촉발될 때 이 필터가 아주 강력하게 작동한다. 누군가 원하지 않는 방식으로 소통을 강요해 화가 났다면 우리의 뇌는 제공되는 정보를 아예 받아들이지 않는다. 그러한 소통은 감정적 영향만을 미칠 뿐, 정보를 받아들이도록 마음을 열게 하지 못한다. 우리 뇌 속의 문지기가 관련성이 없는 정보를 걸러내기 때문이다.

과거 전화번호를 외우는 것이 중요했던 시절이 있었다. 그래야 소중한 가족과 친구, 동료에게 빠르게 연락할 수 있었으니까. 하지만 요즘엔 전화번호를 외우는 사람이 거의 없다. 우리가 늘 갖고 다니는 새로운 전화기가 우리 대신 수많은 전화번호를 저장해주는 덕분에 더 이상 전화번호를 외울 필요가 없어졌기 때문이다.

대도시의 전화번호부 같은 방대한 데이터를 암기하고 도시의 모든 길을 다 외울 수 있는 사람들이 있다. 우리는 이러한 암기 능력 혹은 기억 능력이 지능의 중요한 척도라고 생각하곤 한다. 하지만 정확하게 말하면 이러한 재능은 일종의 '뇌의 오작동'이다. 이러한 뇌는 중요한 정보와 중요하지 않은 정보를 분류하지 못한다. 소위 말하는 '슈퍼 브레인'Superbrain들은 일상의 다른 영역에서는 능력이 매우 떨어지는 경우도 많기 때문에 이런 사람들을 부러워할 필요도, 이런 능력을 추구할 필요도 없다.

뇌를 컴퓨터 메모리 카드처럼 생각해선 안 된다. 한마디로 우리는 모든 정보를 다 저장할 필요가 없다. 나와 관련된 정보만을 걸러내는 필터는 나를 보호하는 메커니즘이기도 하다. 매일 우리에게 도달하는 모든 정보를 다 처리하고 다 저장한다고 생각해보자. 뇌에 금방 과부하가 걸릴 것이다. 그래서 우리 뇌는 알아서 관련성이 없는 정보를 의식에 전달하지 않는다. 그런 정보들은 우리 뇌 속 어딘가에 있는 라벨도 붙여지지 않은 커다란 저장소에 영원히 보관되어 다시는 떠오르지 않는다.

언젠가 나는 한 컨설팅 고객에게서 기억력과 인지 및 감성지능의 결정적인 차이를 보여주는 전형적인 예를 확인할 수 있었다. 이 남자는 회사의 직원들이 자신에게 '기억력 훈련'을 할 필요가 있다고 귀띔해주었다면서 나에게 연락을 해왔다. 그는 최근 닥스DAX(독일 프랑크푸르트 증권거래소에 상장된 주식 중 30개 기업을 대상으로 구성된 주가 지수 — 옮긴이) 상장 기업의 임원으로 승진한 상태였다. 그는 연설을 하는 데 심각한 어려움을 겪고 있다며 내게 도움을 구했다. 특히 준비된 연설 내용을 자연스럽게 전달하는 데 애를 먹었는

데, 이는 그에게 좌절감을 안겨주었을 뿐만 아니라 함께 일하는 직원들을 불안에 떨게 만들었다.

리더의 입장에서 이는 정말로 어려운 문제였다. 정보학과 경제학을 전공하고, 4만 명 이상의 직원과 수십억 유로의 회사 매출을 책임지는 사람이 어떻게 그런 기억력 문제를 겪을 수 있단 말인가? 결론부터 말하자면, 그의 기억력에는 전혀 문제가 없었다! 그런 그가 왜 준비된 연설조차 잘하지 못하는지 알아보기까지는 약간의 시간이 걸렸다. 원인을 알아야 해결책을 찾을 수 있기에 나는 계속해서 똑같은 질문으로 그를 오랫동안 괴롭힐 수밖에 없었다. 그러자 그는 마침내 화가 머리끝까지 나버리고 말았다.

"왜 이 연설을 하고 싶어요? 목표가 뭐예요?"
"젠장, 난 그냥 사람들이 나를 좋아해줬으면 좋겠다니까요!"

남자의 목표는 연설의 효과적인 목표로서 완전히 적절하고 정당한 목표였다. 그 남자는 성공적인 소통을 위한 두 가지 필수 전제조건을 충족시켰다. 즉 자신이 의도한 '감정적 영향'을 정의했고, 연설이 자신에게 '왜 중요한지'에 대해서도 분명히 밝혔다. 그때까지만 해도 그는 자신의 연설이 왜 중요한지를 명확히 알지 못했다.

왜냐하면 직원들이 작성해준 연설 초안은 일반적인 사실의 나열에 지나지 않았고 그의 관심사에 부합하는 내용도 많지 않았기 때문이다. 둘 다 연설자로서 그가 달성하고자 하는 것과는 큰 관련이 없었다. 그래서 그는 연설문을 외울 수 없었던 것이다. 아무리 기억력 훈련을 해도 도움이 되지 않았다.

결국 핵심은 '관련성'이었다. 남자가 자신이 의도한 효과에 초점을 맞춘 명확한 연설로 재작업을 하자 그는 이 연설이 자신에게 왜 중요한지를 알았고 그렇게 스스로 모든 내용을 기억했다!

눈앞에 뻔히 보이는데
보지 못하는 이유

　　심리학 분야에서 행해진 가장 유명한 실험은 우리 뇌가 관련성에 따라 정보를 분류하는 데 얼마나 놀랍도록 뛰어난 능력을 발휘하는지를 아주 잘 보여준다. 이 실험에서 피험자들은 흰색 옷을 입은 농구 선수팀과 검은색 옷을 입은 농구 선수팀이 등장하는 비디오를 시청했다. 두 팀은 한데 섞여 서로의 팀원에게 공을 패스했다. 피험자들이 수행해야 할 과제는 흰색 옷을 입은 선수들이 얼마나 자주 패스를 주고받는지 세는 것이었다. 이는 간단한 과제이지만 주의력이 무척 필요한 작업이었다.

실험에서 대부분의 피험자들은 이 과제를 능숙하게 해결했다. 그들은 흰색 팀의 패스 횟수를 정확하게 세었다. 공에만 주의를 집중하면 쉬운 과제였다. 그러나 대다수의 피험자들은 실험 중간에 등장한 고릴라를 간과했다. 그렇다, 제대로 읽은 것이 맞다. 그들은 커다란 고릴라를 보지 못했다! 털북숭이 고릴라 복장을 한 연기자가 농구 선수들 사이로 걸어들어와 주먹으로 가슴을 두드리다가 화면 밖으로 사라졌다.

경기장에 고릴라가 있다는 사실을 일단 알고 나면 고릴라를 보지 못하고 지나친다는 것은 거의 상상할 수 없는 일이다. 하지만 피험자 대부분은 고릴라가 있다는 사실을 알아차리지 못했다. 심리학자들은 이를 '무주의 맹시'無注意 盲視라고 부른다. 우리는 어떤 대상에 주의를 집중하지 않으면 그것을 제대로 인지하지 못한다. 비상 상황에 처한 조종사가 조종석에서 경고음이 큰 소리로 울려 퍼졌음에도 이를 전혀 듣지 못한 사례도 있다. 솔직히 말해보자. 농구 선수들을 지켜보며 그들이 공을 몇 번 패스하는지 세어야 하는 과제를 수행해야 할 때, 누군가가 '고릴라가 중간에 나타나는지 잘 지켜봐야겠어'라고 말한다면 당신은 그 사람을 어떻게 생각하겠는가? 그럴듯하다고 생각할 수 있겠는가?

무주의 맹시는 뇌의 관련성 필터가 어떻게 작동하는지 잘 보여준다. 즉 고릴라는 패스 횟수를 세는 것과 관련이 없으며, 고릴라가 있다는 정보는 우리의 뇌를 통과하지 못한다.

1980년대까지만 해도 이 메커니즘이 우리 뇌의 제한된 정보 처리 능력 때문에 발생한다고 생각했다. 말하자면 패스 횟수와 고릴라를 동시에 인식하기에는 우리의 기억 장치가 너무 작다고 본 것이다. 하지만 그게 아니었다. 오늘날 우리는 무주의 맹시가 주의를 집중할 수 있게 해주는 매우 중요한 기능이라는 것을 알고 있다. 사실 무주의 맹시가 발생하는 이유는 우리의 생체 기억 장치가 과부하에 걸려 연기를 내뿜으며 과열되는 것을 방지하기 위함이 아니다. 그보다는 외부 자극을 관련성에 따라 분류하여 보다 체계적인 방식으로 행동하기 위한 메커니즘으로 봐야 한다. 만약 나에게 흘러들어오는 모든 자극에 주의를 기울인다면, 다시 말해 내 지각에 어떤 구조가 없다면 더 이상 구조화된 방식으로 자극에 반응할 수 없다. 그 반대의 경우도 마찬가지다. 프로세스가 하드웨어를 보호하는 것이 아니라, 하드웨어가 프로세스를 보호한다.

ADHD, 즉 주의력 결핍 장애를 가진 사람들이 위의 실험을 한다면 과연 어떤 결과가 나올지 무척 궁금하다. ADHD 환자들은 보통 사람들이 가지고 있는 이 같은 '주의력 필터'를 가지고 있지 않아서 일상생활을 할 때 많은 어려움을 겪는다고 호소한다. 예를 들어 그들은 사람들이 붐비는 교차로에 서면 엄청난 자극이 자신들을 맹공격하는 것처럼 느낀다고 설명한다. 주의력 필터가 온전한 사람들은 이러한 상황에서 대부분의 자극을 차단하고 버스에 치이지 않는 데 집중하는 반면, ADHD 환자는 이러한 일상적인 상황에서 견딜 수 없는 자극과 경고 메시지, 정보, 충동의 맹공격에 시달린다.

한 가지 분명한 사실은 ADHD 환자의 수가 제약사가 해당 약을 팔고 싶어 하는 만큼 많지는 않다는 것이다. 당신과 나를 포함해 대다수의 사람은 관련성을 인지하면 그 부분에 정확하게 주의를 집중할 줄 안다. 당신의 집중력에 문제가 없다면 감성지능적 소통을 위해 우리가 다음으로 생각해야 할 과제는 다음 두 가지다. 첫째는 우리가 말하는 내용이 대화 상대와 관련성이 있어야 한다는 것이고 둘째는 이 관련성이 즉시 인식될 수 있어야 한다는 것이다.

그 사람만을 위한 종소리를 울리자

대화의 내용이 '관련성'이 있어야 한다고 말할 때, 이를 '타당한 이유'와 같은 의미라고 혼동하는 사람들이 많다. 이는 충분히 이해할 만한 오해다. "내 말에 타당한 이유가 있으니까 당연히 관련성도 있는 것 아냐?"라고 생각할 수 있다.

물론 자신의 말에 합리적인 이유가 존재한다는 것은 좋은 일이며, 그 이유가 분명하게 드러나는 것도 중요하다. 하지만 관련성이 반드시 타당성만의 문제는 아니다. 그보다 훨씬 중요한 것은 정보가 수신자의 '마음'을 움직이는지 여부다. 앞에서 설명했듯, 우리는 상대의 말이 우리를 자극하거나 흥분시키거나 슬프게 하거나, 더 나아가 뇌에서 보상 충동을 유발할 때 그 말에 계속 귀를 기울인다.

이 책으로 시작된 우리 둘의 관계, 즉 당신과 나의 관계를 예로 들어보겠다. 당신이 평론가나 저널리스트처럼 책을 직업적으로 읽는 사람이 아니라면 이 책을 펼칠 '동기'가 필요했을 것이다. 감성지능적 소통에 대한 나의 생각을 알기 위해 여기까지 오도록 만든 무언가 말이다. 추측컨대 일상적인 소통을 개선하고 싶다는 희망이 가장 큰 동기였으리라. 또는 중요한 주제에 대해 다른 사람과 논의하려고 할 때마다 연결 고리가 계속 끊어지는 이유를 알고 싶어서일 수도 있다. 아니면 직원과 동료에게 메시지를 더 잘 전달하고 싶어서, 또는 어렸을 때 입을 다물고 있으라는 말을 너무 많이 들어서 마침내 제대로 소통하는 방법을 배우고 싶어서일 수도 있다. 어느 경우든 이 책이 당신의 마음속 어딘가에서 '관련성의 버튼'을 눌렀다. 그리고 그것이 바로 지금 우리의 관계를 시작하게 했다. 이제 이 책은 당신의 기대를 충족시켜야 한다. 당신은 이 책을 읽고 무언가를 얻고 싶을 것이다. 그것이 우리가 맺은 일종의 거래다.

당신도 알다시피 관련성은 절대 객관적인 척도가 아니다. 네 살짜리 아이에게 '잠깐만 내 말을 듣고 내 질문에 대답하면 사탕을 줄게!'라고 말한다면, 아이는 충분히 관련성을 인지할 수 있을 것이다. 하지만 배우자나 동료에게는 사탕만으로 관련성을 전달하기 어렵다. 그러므로 상대의 '관련성 필터'를 통과하려면 상대에 대한 세심한 배려와 공감이 선행되어야 한다. 또한 관련성을 인식하는 것은 이성적인 판단이라기보다는 파블로프의 개 실험이 보여준 반사작용과 훨씬 더 유사하다.

개를 대상으로 한 이 학습 실험은 훗날 노벨상을 수상한 이반 페트로비치 파블로프 Ivan Petrovich Pavlov의 가장 유명한 실험으로 손꼽힌다. 이 실험만큼 자주 인용되는 과학 실험은 아마 없을 것이다. 파블로프는 개가 청각 신호(종소리)를 음식(밥그릇을 가득 채워줌)과 연결시킬 수 있도록 반복 훈련했다. 어느 정도 시간이 지나자 개의 뇌는 '종소리' 자극만으로도 밥그릇이 가득 찼을 때와 동일한 반응을 보였다. 종소리가 울리자 개는 먹이를 주지 않았는데도 먹이를 먹을 때만큼이나 침을 흘렸다. 이것이 바로 파블로프가 밝혀낸 고전적 조건형성 Classical Conditioning 이론이다.

그렇다면 이를 소통 상황에 한번 적용해보자. 먹을 것과의 연결이 없다면 종소리는 그저 소음에 불과하다. '종소리가 울리면 먹을 것이 나온다'는 의미를 통해서만 종소리는 관련성을 얻게 된다. 개와 인간의 가장 큰 차이는 조건 반사로 훈련된 개는 종소리를 울리지 않아도 밥그릇이 앞에 놓이면 계속해서 음식을 먹을 것이라는 점이다. 밥을 먹어도 된다는 결정을 내리는 개 전문가 위원회 따위는 존재하지 않는다. 개는 본능적으로 즉시 행동한다. 이러한 본능적인 행동을 촉발하는 것은 바로 먹고 싶어 하는 욕구다! 반면 인간은 관련성이 없는 정보에 대해서는 욕구가 생기지 않으며, 그러한 메시지에 관심을 갖지 않는다.

> **이건 나와 관련된 일이야!**
>
> 다양한 자극에 노출된 상황에서 자신을 관찰해보라. 이를테면 수십 명이 동시에 각자의 대화를 나누는 파티나 온갖 사람들로 붐비는 기차 칸처럼 말이다. 청각으로 전달되는 대부분의 자극은 당신에게 배경 소음처럼 느껴질 것이다. 당신의 뇌는 그 소음에 담긴 내용에 관심을 갖지 않는다.
> 하지만 관련성 필터를 뚫고 당신의 주의를 끄는 자극은 그렇지 않다. 예를 들어 어떤 대화에서 당신의 이름이 들리면 '저기 나와 관계된 일이 있구나! 저건 나와 관련성이 있어. 내 이름이잖아!'라고 생각한다.

혹은 그 이름이 당신이 사랑하는 사람의 이름일 수도 있고, 방금 당신을 화나게 만든 이웃의 이름일 수도 있으며, 정말로 일하고 싶은 회사의 이름일 수도 있다. 우리 뇌는 매일 우리를 둘러싼 배경 소음에서 이러한 '신호'를 확실하게 걸러낸다. 바로 이 순간 우리는 마치 파블로프의 개처럼 종소리가 울리면 먹이를 얻을 수 있다는 기대감에 꼬리를 흔든다. 우리는 관련성을 인식하면 그에 관한 정보를 얻고 싶어 한다.

그렇다면 이제 자연스럽게 다음과 같은 질문이 떠오른다. 대화 상대와 더 잘 소통하기 위해서 우리는 이 관련성 필터에 대한 지식을 어떻게 활용해야 할까?

'관련성'이라는 선물을 건네는 대화

 파블로프의 실험 설정에서 한 가지 중요한 세부 사항은 개가 먹이를 얻기 '전에' 먹이에 대한 신호를 들었다는 점이다. 이를 우리의 소통에 적용하면 타이밍이 가장 중요하다는 의미가 된다. 우리 뇌에게는 정보가 제공되기 '전에' 관련성에 대한 암시가 필요하다. 한마디로 뇌와 관련성의 관계는 내비게이션에서 목적지를 설정하는 것과 같다. 즉 목적지가 입력되어야만 주의력이 올바른 방향으로 갈 수 있는 것이다.

 하지만 실제 현실에서는 그게 그렇게 간단치가 않다!

어떤 지역에서는 호수에서 수영하는 작은 즐거움이 당신의 목숨을 앗아갈 수도 있다는 사실을 아는가? 그런데 죽음의 원인이 익사가 아니다. 카타야마 열병Katayama Fever에 감염되어 비참하게 죽는 것이다. 이 병은 작은 수생 벌레 때문에 걸리게 되는데, 이 벌레는 먼저 우리 피부를 뚫고 몸에 들어가 알을 낳는다. 자, 내가 당신의 주의를 끌고 있다면 푹신한 소파에 앉아 있어도 몸이 근질거리는 느낌이 들 것이다! 그래도 다음 내용을 계속 읽어주기 바란다. 다음은 이 치명적인 열대성 질병에 대한 위키백과의 설명이다. "빌하르츠증Bilharziasis, 라틴어로는 빌하르지오증Bilharziosis으로도 알려진 주혈흡충증Schistosomiasis은 주혈흡충의 유충에 의해 발생하는 기생충 질환으로, 중간 숙주인 달팽이를 통해 따뜻한 내륙 해역에 퍼진다." 방금 앞 문장을 읽고 어떤 느낌이 들었는가? 이 질병에 대한 위키백과의 설명은 매우 정확하다. 그렇지만 당신에게 더 깊은 인상을 남긴 설명은 문단의 맨처음 내용일 것이다. 어쨌거나 첫 문장은 완전히 무해해 보이는 즐거움이 당신을 비참하게 죽일 수 있다고 경고하고 있으니까! 죽음과 생존보다 당신에게 더 큰 관련성 있는 내용은 없다. 그러니 아프리카로 여행을 떠날 친구에게 호수에서 수영하는 것이 얼마나 위험한지 경고하고 싶다면 첫 번째 문장처럼 말하는 것이 좋다. 경고의 시작 부분에 강렬한 관련성을 강조하면 아마도 당신은 친구의 목숨을 구할 수 있을 것이다.

그러나 감성지능적 소통에서 가장 중요한 요건, 즉 관련성을 제시하는 접근 방식은 불행히도 서구 사회의 일반적인 소통 방식과는 상반된다. 서구 사회에서는 보통 어떤 맥락을 설명할 때 가정을 먼저 세우거나, 시간순으로 말하도록 조건화가 되어 있다(마치 파블로프의 개처럼!). 이는 명확하고 체계적인 논리에 기반한 방법이지만 소통의 측면에서 보면 사실 매우 잘못된 방법이다.

우리가 무언가를 설명할 때 항상 그 기원부터 설명하고, 대화 주제가 실제로 무엇인지, 특히 그것이 무엇을 의미하는지를 맨 마지막에 둔다면 지혜의 정상에 도달하는 과정은 아주 천천히 오르는 길고 긴 오르막길이 될 것이다. 그 과정에서 설명을 듣는 상대방은 대화 도중 멍한 표정을 짓고 머리 위에 물음표를 띄운 채 좌절하게 될 것이다. 때로는 아무도 정상에 도달하지 못하고, 중요한 관련성은 언급조차 되지 않으며 설명을 시작한 당사자조차도 그것이 무엇인지 전혀 알지 못하게 된다.

모든 주제에 과학적이고 체계적으로 접근하는 이러한 방식은 학교에서 아이들에게 교육되고, 대학에서 학생들의 리포트를 통해 굳어지며, 이후에는 비즈니스 언어라는 이름으로 전파된다. 그런데 왜 고도의 교육을 받은 직원들 간의 소통이 제대로 이루어지지 않는지 놀라울 따름이다! 마치 클링온어Klingonese(미국 드라마 〈스타 트렉〉에 등장하는 클링온족이 쓰는 언어 — 옮긴이)로 대화하는 것만 같다. 기억하라. 감정적으로 효과적인 방식으로 소통하기 위해서는 이제부터 항상 '결과'와 '관련성'에서부터 시작해야 한다!

어려운 도전에 직면할 때 우리 뇌는 익숙하고 검증된 해결책을 떠올리는 경향이 있는데, 이는 어리석은 일이다. 안타깝게도 우리에게 학습된 소통 방식, 즉 '주제에 곧바로 접근하지 않고 완전히 처음부터 설명하는' 방식도 여기에 해당한다. 이러한 방식을 사용하면 매번 관련성을 놓치게 된다.

이쯤에서 누군가는 체념한 듯 '내가 그렇게 프로그램화되어 있는데 어쩌란 말이야!'라고 말할 수도 있다. 감성지능적 소통을 잘하지 못하는 것에 대해 이보다 더 좋은 변명은 없을 것이다. 하지만 정말로 감성지능적 소통을 하고 싶다면 이제 당신의 뇌를 다시 프로그래밍하고 새로운 해결책을 저장해야 할 때다.

> **상대에게 줄 수 있는 작은 선물을 잊지 말라!**
>
> 소통을 시작할 때 '내 말이 상대에게 무슨 도움이 될까?', 더 좋게는 '내가 상대를 위해 무엇을 할 수 있을까?'라고 스스로 묻는 습관을 들이자. 이때 잘

훈련된 콜센터 직원처럼 질문하지 않는 것이 중요하다. 콜센터 직원의 '무엇을 도와드릴까요?'는 형식적인 질문에 불과하기 때문이다. 당신은 상대에게 실질적인 도움을 줄 수 있도록 고민해봐야 한다. 상대가 소통의 물꼬를 틀 수 있도록 당신이 그에게 무엇을 가져다줄 수 있는지를 말이다.

당신이 상대에게 줄 수 있는 그 작은 선물은 상대에게는 아주 중요한 것이다. 당신이 무언가를 가져왔다면, 상대를 위해 어떤 행동을 했다면, 혹은 상대의 삶을 조금이라도 개선해주었다면 당신의 소통은 인식할 수 있는 강력한 관련성을 갖게 된다.

소통을 당신이 상대를 위해 가져온 선물이라고 생각하라. 활짝 웃으면서 '내가 당신을 위해 뭔가를 가져왔습니다!'라는 마음으로 상대에게 다가가라.

이 말을 듣고 단호한 성격의 사업가들은 놀라서 움찔할 수도 있다. '내가 당신한테 뭘 가져왔다고? 그럼 내가 산타클로스라도 된다는 말인가!'라고 생각하는 사람들도 있을 것이다. 그들은 내가 실용적인 조언을 하기보다 그저 듣기 좋은 말을 하고 있다고 생각할지도 모른다. 하지만 걱정하지 말라! 다른 사람을 위해 무언가를 하는 것은 언제나 '좋은 비즈니스'다.

영국의 전설적인 기업가 리처드 브랜슨 Richard Branson 은 난독증으로 학교를 중퇴했지만 인상적인 소통 능력을 지니고 있었다. 그는 학생 잡지와 레코드 가게, 음반사, 항공사를 거쳐 현재 약 400개의 사업체에서 호텔과 유람선, 우주 관광 서비스를 제공하는 버진 그룹 Virgin Group을 설립했다. 브랜슨은 자신의 저서 《더 버진 웨이》The Virgin Way에서 기업이 어떻게든 고객과 직원의 삶을 개선해야만 지속적인 성공을 누릴 수 있다는 점을 분명히 밝혔다. 브랜슨은 다음과 같이 썼다. "우리는 그저 즐거운 시간을 보냈다. 우리는 우리가 하는 일을 즐겼고, 함께 즐겁게 일했으며, 우리의 음반을 구매하는 고객을 가족처럼 대했다. 이것이 고객의 마음을 사로잡았고, 고객은 계속해서 다시 찾아왔다. 그 이후로는 모든 것이 자연스럽게 성공으로 이어졌다."

이처럼 관련성은 두 사람 사이에서든, 대규모 조직에서든 성공적인 관계를 맺고 협력을 하는 데 있어서 가장 중요한 것이다. 모든 협력은 내가 다른 사람을 위해 무엇을 해줄 수 있는지 설명할 수 있을 때, 당신과 내가 어떤 관련성이 있는지 말할 수 있을 때 이루어진다.

이제 당신은 감성지능적 소통을 위한 첫 두 단계를 익혔다. 첫째, 소통의 '목표'를 분명히 파악한다. 상대에게서 감정적으로 무엇을 얻고자 하는지, 이 목표를 달성하기 위해 당신이 어떤 말을 해야 하는지를 의식적으로 고민해본다. 둘째, 상대에게 무엇을 주고 싶은지를 말하는 것으로 소통을 시작한다. 이때 당신의 메시지가 왜 중요하고 어떤 관련성이 있는지를 직접적으로 전해야 한다.

첫 두 단계를 잘 익혔다면 이제는 감성지능적 소통을 위한 다음 번 황금 규칙으로 넘어갈 차례다. 바로 어떻게 하면 상대의 '욕구'를 인식하고, 그것을 어떻게 '욕망'과 구별할 것인가이다.

Wir müssen reden aber richtig!

제5장

대화 속 오해와 갈등을 덜어내는 법

네 번째 말하기 도구 – 욕구

채식주의자에게 육즙이 풍부한 소고기 스테이크를 대접하거나, 정치인에게 다음 입법 기간이 훨씬 지난 후에도 해결되지 않을 문제를 제안해본 적이 있는가? 우리는 누구나 자신에게 필요하지 않은 일이나 경험에는 반응하지 않는다. 반대로 우리의 실제 욕구를 충족시키는 데 도움이 되는 모든 것에는 두 귀를 활짝 열고 듣는다. 앞서 제4장에서 살펴본 것처럼, 소통에서 누군가의 관련성 필터를 뚫는 가장 쉽고 확실한 방법은 그 사람의 욕구를 충족시킬 수 있음을 보여주는 것이다.

욕구를 충족시킨다는 말을 부디 오해하지 않길 바란다. 나는 지금 우리가 모두 이기주의자라고 말하는 것이 아니다. 오히려 그 반대다! 우리 뇌가 모든 것에 우선하는 하나의 중요한 임무, 즉 자신의 '생존'을 최우선으로 삼는다는 사실을 깨달아야 한다. 다시 말해 우리의 실제 욕구가 언제나 다른 모든 것보다 우선시된다.

여기서 '실제'라는 단어가 무척 중요한데, 오늘날 우리는 실제 욕구와 상관없는 욕망으로 가득 찬 세상을 살고 있기 때문이다. 명품 시계와 좋은 차에 대해서 우리가 느끼는 감정은 욕망이다. 욕구는 무엇이(때로는 생명 유지에 반드시 필요한 것) '필요하다'는 의미인 반면, 욕망은 무언가를 '원한다'는 의미다. 따라서 욕망이 충족되지 않는다고 해서 우리가 죽을 일은 없다.

안타깝게도 우리는 종종 필요한 것과 원하는 것의 차이를 인식하지 못하고, 두 가지 모두에 대해 매우 비슷한 정도의 절박함을 느낀다. 심지어 욕망에 어떤 서사를 부여해 그것을 우리의 실제 욕구라고 '인식'한다. 하지만 '원하는 것'을 '필요한 것'으로 합리화한다 해도 그 핵심은 여전히 욕망일 뿐 실제 욕구가 되지는 못한다.

우리의 실제 기본 욕구는 우리가 생각하는 것보다 훨씬 적다. 음식이나 성관계 같은 생리적 욕구 외에 앞에서 언급한 두 가지 기본 욕구가 우리 행동에 동기를 부여한다(60쪽 참조). 바로 타인과의 유대감에 대한 욕구와 자율성에 대한 욕구다.

감성지능적 소통은 자신과 상대에게서 '원하는 것'과 '필요한 것'을 구분하고 실제 욕구를 충족시켜주는 것을 의미한다.

이러한 깨달음을 일상적인 소통에 적용하기 위해서는 다른 사람과 내 안에 존재하는 욕망과 욕구를 주의 깊게 구별해야 한다. 진정한 욕구를 인식해야만 이를 충족시킬 수 있기 때문이다. 하지만 사람들은 매우 자주 욕망을 욕구로 합리화하며, 다른 한편으로는 욕구를 사소한 문제로 합리화한다. 그리고 이러한 합리화는 우리의 소통을 더욱 힘들게 만든다.

상대의 욕구를
인식하고 충족시키기

　모든 문제는 어쩌면 아주 간단히 해결될 수도 있다. 만약 우리 모두가 자신의 욕구와 감정을 인식하고 그것에 제대로 이름을 붙일 수 있다면, 아무런 오해도 생겨나지 않을 것이다. 우리에게 무엇이 필요한지 항상 알 수 있을 테고, 그것을 다른 사람들에게 이야기하여 서로 도울 수 있을 것이다. 그렇게 되면 행복한 삶과 풍요로운 공존의 가능성이 훨씬 더 높아질 것이다.
　하지만 당연하게도, 이는 그렇게 쉽게 이루어지는 일이 아니다. 앞서 살펴본 바와 같이 우리는 모든 욕구에는 '합리적인 이유'가 필요하다고 생각한다. 이를테면 다른 사람과의 유대감이나 삶의 자유로운 설계 같은 실제 욕구를 충족시키는 일은 이미 그 자체로 충분한 이유인데도 사람들은 그에 대한 어떤 합리적인 이유를 찾으려고 한다. 우리의 욕구를 마치 소비자의 결정처럼 생각하는 것이다. 다시 말해 우리의 욕구를 진정으로 필요한 것이 아닌 단순한 욕망으로 취급한다.

우리는 이성에 대해 거의 병적인 강박관념에 사로잡혀 있다. 인간은 이성적인 능력이 있을 뿐 항상 이성적일 수 없다. 그런데도 우리는 '정상적'과 '이성적'을 인류의 황금 기준으로 끌어올렸다. 하지만 80억 명에 가까운 인류가 실제로는 매우 개인적이고 감정적으로 행동한다는 사실을 알아야 한다. 이러한 깨달음 없이 항상 이성적인 존재가 되려고 노력하는 것은 감정적 본성 사이의 균열을 더욱 심화시킬 뿐이다.

우리의 일상은 크고 작은 합리화와 겉으로 그럴듯해 보이는 서사로 가득 차 있다. 이를테면 식후에 마시는 술이 소화에 도움이 된다는 이야기부터 끔찍한 전쟁을 '합리적인' 이유를 들며 정당화하는 것에 이르기까지. 하지만 이 같은 전쟁의 실제 동기는 종종 침묵 속에 가려진다. 예를 들어 조지 부시가 이라크 침공 전에 사담 후세인에 대해 했던 발언("이 사람은 우리 아버지를 한 번 죽이려고 했다.")에서 그런 거대한 결정 뒤에 숨겨진 진짜 동기를 엿볼 수 있으며, 이는 매우 충격적이다.

또한 소비 산업 전체가 우리의 합리화 스토리에 기반을 두고 있다. 이를테면 꿈에 그리던 새 자동차 모델이 당신의 마음에 쏙 든다고 해보자. 그래서 당신은 이 자동차를 사기 위한 '합리적인 이유'를 찾으려고 한다. 그러다 보니 어느덧 이 SUV 자동차가 복잡한 도시에서 가족을 안전하게 이동시킬 수 있는 유일한 가능성처럼 여겨진다. 결국 중요한 것은 안전이다! 매년 전 세계적으로 판매되는 7,000만 대 이상의 자동차 중 실제로 합리적인 구매에 해당되는 자동차는 극소수에 불과하다. 이 사실은 우리에게 많은 시사점을 준다. 오늘날 모두가 이야기하는 글로벌 모빌리티Global Mobility 콘셉트가 정말 합리적인지에 대한 의문과는 별개로 말이다. 솔직히 말하면 자동차가 너무 멋져서일 뿐, 다른 모든 이유는 자동차를 구매하기 위해 필요한 적절한 '서사'일 뿐이다.

우리는 모두 자신의 다양한 욕망에 그럴듯한 이유를 붙여 욕구처럼 보이게 하는 서사에 갇혀 있다.

우리가 일상적으로 합리화를 자주 한다고 해서 그것이 단순하고 간단하다는 의미는 아니다. 오히려 합리화는 배후에 숨겨진 근본적인 욕구를 드러내지 않기 위해 아주 복잡한 성격을 띠는 경우가 많다. 특히 신념 체계나 기업 구조, 인간관계와 같은 요인이 합리화를 복잡하게 만드는 데 큰 영향을 미친다.

욕구라는 이름의
암호를 해독하는 법

서사, 즉 이야기는 우리 삶에서 마음을 움직이고 이해해야 하는 많은 것에 대한 맥락을 형성한다. 어떤 사건이나 만남이 우리의 인생사에 어떤 식으로든 들어맞는다면 그것은 하나의 의미를 갖는다. 이러한 점에서 볼 때 영어의 '메이크 센스'make sense에서 파생된 독일어 신조어 '마흐트 진'macht Sinn(이해가 된다, 타당하다는 의미. macht는 '만들다', sinn은 '감각'이라는 뜻을 가지고 있다. — 옮긴이)은 글자 그대로 맞는 말이다. 즉 우리가 자신에게 이야기하는 서사는 말그대로 우리의 지각에 의미를 '만들어낸'다. 어떤 사건에 대해 우리가 하는 이야기는 그 사건 자체가 아니다! 그것은 단지 그 사건을 우리의 기억 속에 저장하기 위한 하나의 틀일 뿐이다.

누군가와 소통할 때 이러한 서사의 배경을 무시해서는 안 된다. '실제로 일어난 사건'과 '우리가 인지하고 자신에게 말하는 이야기' 사이의 경계는 유동적이다. 우리 자신에게도, 다른 사람들에게도 말이다. 그래서 속담에서 얘기하듯이 알곡과 쭉정이를 구분하여 나중에 우리 머릿속에 지푸라기만 남지 않도록 해야 한다.

얀은 모든 사람을 만족시키려고 항상 노력하는 친절한 사람이다. 때로는 다른 사람에게 자신의 자리를 내어주기 위해 자신을 낮추기도 한다. 그는 다른 사람들이 보여주는 감사와 친절로 자신의 '희생'을 정당화하며, 스스로에게도 그러한 희생을 기꺼이 받아들인다고 말한다. 하지만 가끔 자신이 더 많은 인정과 감사, 친절을 받을 자격이 있다는 생각이 들 때면 '갑자기' 평정심과 절제심을 잃어버린다. 그런 순간이 오면 그는 소리를 지르고 분노하기 시작한다. 심지어 경찰과 충돌한 적도 있다. 이처럼 순식간에 악화하는 상황은 마치 번개처럼 그를 엄습하고, 그럴 때면 지극히 정상적인 의견 차이조차 거대한 갈등으로 인식된다. 이때부터 그는 자신을 정당화하기 위해 같은 생각을 되풀이하며, 마침내 항상 같은 결론에 이

른다. '사람들은 나에게 필요한 만큼만 존경심을 보여주면 되는데.'

하지만 이런 가정을 한번 해보자. 얀이 신호를 무시하고 빨간불에 운전을 하다 경찰관에게 적발되었다. 딱지를 끊기 위해 다가온 경찰관에게 얀은 마치 그가 제네바 협약이라도 위반한 것처럼 화를 내며 고함을 쳤다. 이 상황이라면 그 경찰관은 그에게 어떤 존중을 보여줘야 할까?

이러한 상황에서 얀이 '원하는' 존중은 심문을 받지 않은 것이다. 경찰관은 그를 내버려두어야 한다. '나를 막는 사람은 나에게 무례한 것이다' 같은 이러한 요구는 일종의 합리화다. 그러나 이러한 서사는 얀의 진짜 욕구를 말해주지 않는다. 그에게 '필요한' 것은 자신의 '희생' 때문에 매일 반복되는 자신에 대한 끝없는 굴욕의 굴레에서 어떻게 하면 벗어날 수 있는지다. 이러한 행동은 거의 언제나 자존감 상실로 끝날 뿐이다.

이처럼 갈등을 해결하고 유익한 협력을 발전시키려면 겉으로 드러난 희망과 요구 너머에 있는 근본적인 욕구를 바라보아야(또는 귀를 기울여야) 한다. 자신의 욕구를 인식해야만 이를 충족시킬 수 있고, 그래야만 진정한 소통이 이루어질 수 있다. 그리고 이는 일대일 대화뿐만 아니라 대화 참여자가 많은 소통 상황에도 해당된다.

새로 신설된 A부서는 여러 부서를 아우르는 조직이다. 이 부서의 목적은 핵심 비즈니스에 대한 잠재적 위협을 파악하여 회사를 보호하는 것이다. 사실 회사의 모든 부서는 A부서의 존재를 환영해야 마땅하다. 하지만 A부서는 현재 다른 부서들과 심각한 갈등에 시달리고 있다. 다른 부서들은 "우리 부서의 위험은 오직 우리 부서만이 인식할 수 있다."고 주장한다. 반면, A부서는 자신들만이 위험을 식별하는 데 필요한 시간 자원과 집중력을 갖추고 있다고 반박한다. 이에 대해 다른 부서들은 자신들에게 추가 인력이 투입된다면 큰 효과가 있을 것이라고 반박한다. A부서는 다른 부서들에 대한 접근 권한을 더 갖는다면 그들을 더 효과적으로 도울 수 있다고 주장한다.

여기서 무슨 일이 벌어지고 있는 것일까? 이들은 정말로 회사에 닥칠 위험을 막자고 이러는 것일까? 그렇다. 하지만 외부로부터의 위험을 막기보다 서로를 내부적인 위협으로 인식하고 있다. 양쪽 모두가 더 많은 역량, 더 많은 인력, 더 많은 접근 권한을 원한다. 말하자면 조직적으로 더 많은 권력을 '원하고' 있다. 하지만 이들에게 '필요한' 것은 완전히 다른 것이다. 이들은 현재 자기 부서의 역량과 중요성, 그리고 궁극적으로는 조직 내에서 자기들의 존재에 대해 위협을 느낀다. 그러므로 각자 자신의 존재가 정당하다는 확인이 필요하다.

이 지점에서 당신은 다음과 같은 의문을 가질 수 있다. 인간이 합리화에 대해 이토록 뛰어난 재능을 가지고 있는데, 과연 우리가 타인의 욕구는 말할 것도 없고 자신의 욕구를 인식하는 일이 과연 가능할까? 다행스러운 소식은 이것이 전적으로 가능하며, 당신(그리고 다른 모든 사람)은 이미 욕구라는 암호를 해독할 수 있는 능력을 가지고 있다는 점이다.

"엄마(혹은 아빠)가 내 인생을 망치고 있어!" 십 대 자녀를 둔 부모라면 이런 말을 들어본 적이 있을 것이다. 하지만 세상에 자녀의 인생을 망치려 드는 부모는 없다. 부모는 절망에 빠진 십 대 자녀에게 어떤 문제가 있음을 느끼고 바로잡아주고 싶어 하지만, 자녀는 도움이 필요하면서도 이를 받아들이려 하지 않는다. 십 대들은 자기만의 삶을 꾸려나가고 자기 일을 스스로 관리하기를 원하기 때문이다. 따라서 그들에게 '필요한' 것은 부모가 문제 해결책을 제시하는 것이 아니라 그들이 스스로 문제를 해결할 수 있도록 돕는 것이다. 그리고 그들이 그렇게 할 수 있다고 믿어야 한다.

이러한 (그리고 거의 모든 다른) 이야기 뒤에 있는 욕구는 다음의 두 가지 태도를 갖춘다면 충분히 인식할 수 있다. 첫째는 스스로에 대한 공감 능력을 믿는 것이고, 둘째는 당신 앞에 있는 상대방의 말을 주의 깊게 듣는 것이다. 물론 여기에는 많은 인내가 필요하지만 불가능한 일은 아니다.

합리화의 이면을 들여다보기 위해서는 다음과 같은 연습이 필요하다.

- 시간과 인내를 가진다. 당신과 상대방 양쪽 모두 시간적 압박 없이 편안하게 이야기하고 들을 수 있는 순간을 찾아보라.
- 의식적으로 합리화를 자제한다. 그렇지 않으면 상대의 욕구보다 자신의 욕구에 더 몰두하게 된다.
- 올바르게 질문한다. 실제 욕구에 대해 이야기할 때는 감정에 대해 질문하고, 상황을 개선하기 위해 우리가 무엇을 할 수 있을지 물어봐야 한다. '나한테서 뭘 원해?'라고 묻는 대신 '내가 어떻게 도우면 될까?'라고 묻는 것이 좋다.

감정 인식하기

갈등 상황이 찾아온다면(아마 오래 기다릴 필요 없이 금방 찾아올지도 모른다) 다음과 같이 결심하라. "나는 '나를 위해' 문제를 제거하는 빠른 해결책을 찾지 않겠다. 나는 도와주고 싶은 것이지, 옳은 사람이 되고 싶은 것이 아니다."
이로써 당신은 자신의 입장을 '유일하게 옳은 것'으로 굳히기 위한 합리화를 하지 않기로 결심했다. 이제 당신의 목표는 상대의 요구 사항 이면에 있는 감정을 인식하는 것이다. 상대에게 다음과 같이 질문하라!

- 제가 당신을 어떻게 도와드릴까요?
- 당신의 기분이 나아지려면 제가 무엇을 할 수 있을까요?

감정은 우리의 욕구와 그것이 삶에 어떻게 반영되는지에 대한 반응이다. 만약 당신이 상대의 감정을 이해하고 그들의 욕구에 가까이 다가간다면, '나는 기만당한 기분이야!'라는 말이 당신을 향한 비난처럼 들리기보다는 '당신은 나를 제대로 못 보고 있어', '당신은 나를 이해하지 못해'처럼 도움을 요청하는 외침으로 들린다. 이처럼 합리화를 자제하고 제대로 질문을 던진다면 비난처럼 들리는 상대의 말 속에서 도움을 청하는 외침을 발견하고, 스스로 방어 모드에 빠지는 일을 피할 수 있다. 그러면 상대가 진정으로 필요로 하는 것에 훨씬 더 가까이 다가갈 수 있고, 갈등에 대한 좋은 해결책을 제시할 수 있다.

이제 당신은 합리화가 어떻게 그리고 왜 발생하는지를 이론적으로 잘 알게 되었다. 이어지는 내용에서 합리화가 우리의 소통에 어떤 영향을 미치는지 실제 사례를 통해 살펴보도록 하자. 이 과정은 매우 중요하다.

욕망을 욕구로
바꾸는 사람들의 수법

특히 조직과 기업은 갈등 상황에 처했을 때 감성지능적으로 반응하지 않는 경우가 많다. 즉 직원이나 고객의 욕구를 도움의 기회로 삼기보다는, 오히려 자신들의 의도를 광고하는 캠페인으로 삼는다. 해결 지향적인 방식으로 그들의 욕구를 충족시킬 방법을 찾는 대신, 그들의 감정과 욕구에 대한 인식을 바꾸려고 노력한다. 즉 우리에게 어떤 것이 '필요하다'고 계속 암시하여 결국 그것을 진짜 욕구로 받아들이게 만든다. 앞서 사례로 든 자동차에 대한 생각처럼 의도적으로 새로운 감정을 불러일으킨 다음, 이를 합리화하는 해결책을 제시하는 것이다. 그러나 이러한 방식으로는 어떤 갈등도 해결하지 못한다!

실제 욕구와 완전히 모순되는 합리화를 보여주는 가장 어이없는 예 중 하나는 공공기관이나 기업의 경영진들이 세금이나 직원들의 자금으로 지원되는 고급 리무진을 타고 다니는 사실이 드러날 때 그들이 내놓는 변명들이다. "우리는 차량을 더 저렴하게 얻으니 그렇게 나쁜 것은 아닙니다!" 언론들은 이런 교묘한 말들로 대중의 흥분을 무마시키기 위해 노력한다. 실제로 차량 비용이 적게 들면 재정적 '손실'은 당연히 줄어든다.

하지만 이러한 특권에 대한 불만 이면에 무엇이 있을지 생각해봐야 한다. 이것이 단지 공공 예산이나 기업 예산에 대한 우려라고 생각하는가? 아니다! 가격이 아니라 정의에 관한 문제다. 부당한 대우를 받았다고 느끼는 사람에게, '이 고급 차량에 우리가 실제로 지불할 금액은 당신이 내야 할 금액의 3분의 2에 불과하다'고 설명하는 것은 전혀 도움이 되지 않을 뿐만 아니라 오히려 역효과를 낼 수 있다.

조직이 이런 식으로 반응하면 어떤 일이 일어날까? 조직은 자신을 합리화하는 서사에 빠지게 된다! 그들이 고급 차량을 타는 이유는 가격이 괜찮기 때문이 아니라 그냥 그 차가 멋지다고 생각하기 때문이다. 나머지는 그저 합리화를 위한 서사일 뿐이다.

우리는 이러한 일들에 대해 15분쯤 시간을 내어 마음껏 웃을 수도 있다. 이런 사례들은 세상에 차고 넘쳐나니까. 하지만 타인의 어리석음을 보고 눈물이 날 정도로 실컷 웃고 나면, 이제 다음과 같은 사실을 인정해야 한다. 바로 우리 모두가 이런 식으로 행동하고 있다는 사실을 말이다.

상대를 위해
합리화하는 습관을 버리자

갈등을 강력한 협력으로 전환하기 위한 소통 방법에는 요구의 기저에 깔린 감정을 찾는 것 외에 또 다른 전략이 있다. 이 전략을 사용하기 위해서는 당신과 대화 상대의 서사를 좀 더 자세히 살펴봐야 한다.

합리화를 비롯한 다른 서사를 진정한 욕구와 구분할 수 있다면, 메시지를 주고받는 사람 모두가 보다 감성지능적으로 소통할 수 있다.

> **우리에게 필요한 것은 무엇인가?**
>
> 모든 대화에서 상대가 '원하는 것'과 '필요한 것'을 구분하는 습관을 기르자. '감정 인식하기' 연습(143쪽 참조)에 제시된 질문들을 통해 이 두 가지를 구분할 수 있다.
>
> 소통할 때 상대의 감정을 살핌으로써 상대에게 '필요한 것'에 대한 정보에 포커스를 맞춰라.
>
> - 상대가 어떤 감정을 표현하고 있으며 그 기저에 깔린 욕구는 무엇인가?
> - 나는 상대를 위해 무엇을 할 수 있고 어떻게 도움을 줄 수 있는가?
> - 나에게 필요한 것과 겹치는 부분이 있는가?
>
> '교차 검증'을 하며 기존의 서사를 살펴보라.
>
> - 논의 중인 주제에 대한 상대의 서사는 무엇인가?
> - 나의 서사는 무엇인가?
> - 이러한 서사가 해결책을 찾는 데 방해가 되지는 않는가?
>
> 위 질문은 매우 복잡하기 때문에 대화 중에 즉시 답하기 어려울 수도 있다. 그래도 괜찮다. 당신이 만족스러운 답을 주겠다는 진심 어린 의사를 전달한다면 크게 문제가 되지 않을 것이다.

복잡한 연습이라고 해서 겁먹을 필요는 없다. 당신은 이미 위에서 설명한 단계들을 분명 직감적으로 숙지했을 것이다. 이제 상대가 '필요한 것'에 대한 정보를 의식적으로 찾는 습관을 기른다면 욕구를 바라보는 집중력이 훈련되어 더 나은 대화를 나눌 수 있다. 또한 장기적으로는 사소한 일상의 대화가 크게 잘못될 위험도 줄어든다.

제1장에서 예시로 든 이탈리안 식당에 가자고 제안하는 대화를 다시 떠올려보자(36쪽 참조). 이번에는 상대가 당신에게 질문했다고 해보자. 상대는 당신의 마음을 모르고 이탈리안 식당에 가고 싶어 하며 이렇게 묻는다. "오늘 저녁은 이탈리안 식당이 어때?" 당신이 관계를 소중히 여기는 사람이라면 아무리 솔직하게 대답한다고 해도 그냥 '싫어'라고 답하지는 않을 것이다. 그보다는 '저 길모퉁이에 새로 생긴 그리스 식당이 꽤 괜찮다고 들었어!'와 같이 대답할 것이다. 또한 그 말에 상대방 역시 '그리스 식당이 이탈리안 식당하고 대체 무슨 상관이야?'와 같은 사실을 구별하는 대답을 하지 않을 것이다. 우리는 일반적으로 느닷없이 그리스 식당에 대해 이야기하는 것이 실제로는 '자기야, 나는 자기랑 같이 저녁을 먹고 싶어. 하지만 이탈리안 식당 말고 그리스 식당에 갔으면 좋겠어'라는 의미라는 것을 알고 있다.

이와 같은 상황에서 우리는 상대의 요구(원하는 것)와 감정, 욕구

(필요한 것)를 아주 간단히 구분할 수 있다.

- '원하는 것'(요구) → 이탈리안 식당에 가는 것
- '느끼는 것'(감정) → 식당에서 데이트하는 것
- '필요한 것'(욕구) → 너의 시간과 관심, 그리고 음식!

이와 같이 욕구와 합리화의 서사를 구별해 인식하는 감성지능적 소통은 어느 한 부분만을 훈련해서는 결코 다다를 수 없다. 그래서 때로는 성공하기도 하고 때로는 실패하기도 한다. 단순히 상대에게 다가갈 수 없는 상황이 있을 수도 있고, 어떤 상황에서는 자신의 서사에 너무 사로잡혀 실패하기도 한다. 하지만 우리의 요구(원하는 것)와 감정, 욕구(필요한 것)에 주의를 기울이는 노력을 하고 있다면, 이미 성공적인 소통에 훨씬 더 가까워진 것이다.

인간은 정보가 필요하기 때문에 서로 교류한다. 우리는 우리가 모르는 것을 알아내려고 하고, 우리에게 필요한 도움을 받으려고 하며, 혼자가 되지 않고 연대감을 느끼고 싶어 한다. 이 모든 것이 우리가 소통을 하는 이유다. 그리고 모든 사람이 이런 감정을 느낀다는 사실은 우리가 진정성 있게 소통해야 하는 충분한 이유이기도 하다. 모두가 윈윈할 수 있는 상황을 의식적이고 신중하게 모색

하는 것이야말로 감성지능적 소통을 위한 훌륭한 동기라고 할 수 있다.

제6장

그럴듯한 이야기가
우리에게 말하지 않는 것

다섯 번째 말하기 도구 – 서사

서사, 즉 우리의 삶을 이야기하고 우리의 가치관을 형성하며, 우리의 학습 경험을 분류하고, 삶에 맥락과 의미를 부여하는 이야기에 대해 잠시 생각해보자.

유발 하라리Yuval Harari는 자신의 저서 《21세기를 위한 21가지 제언》에서 서사의 기능을 다음과 같이 설명한다. "좋은 이야기는 나에게 역할을 부여하고 나의 지평을 초월해야 하지만, 반드시 사실일 필요는 없다. 이야기는 순수한 허구일지라도 정체성을 부여하고 내 삶에 의미가 있다고 느끼게 해줄 수 있다." 이것이 바로 '이야기'가 우리를 위해 하는 일이다. 즉 이야기는 우리 삶에 의미를 부여하고 의미를 느끼게 해준다.

하지만 그렇다고 해서 '모든' 이야기가 의미가 있는 것은 아니다. 오히려 그 반대다. 히틀러나 스탈린, 폴 포트Pol Pot(캄보디아의 독재자 — 옮긴이), 이디 아민Idi Amin(우간다의 독재자 — 옮긴이)을 비롯한 무수히 많은 인류 최악의 대량 학살자들 역시 피비린내 나는 잔혹함, 권력욕, 탐욕, 가학성, 나르시시즘을 중심으로 서사적 틀을 구축했다. 그리고 전 세계적으로 갈등이 극에 달한 지금, 우리를 잘못된 방향으로 이끄는 수많은 이야기들이 또다시 번성하고 있는 중이다.

이야기에 잘 속을 수밖에 없는 우리는 겉보기에 의미 있어 보이는 이야기들에 쉽게 취약해진다. 문제는 일단 어떤 이야기를 신뢰하고 나면 잘못된 행동이나 악행을 정당화하는 서사가 공감과 이타심에서 비롯된 서사만큼이나 우리 뇌를 안심시키고 구조화한다는 것이다.

서사는 흩어져 있던 정보들을 단순히 나열하는 것이 아니라, 하나의 의미 있는 이야기로 만들려는 시도다. 이것이 바로 서사의 가장 중요한 기능이다. 그러나 이런 이야기들은 세상과 인간에 대한 우리의 이미지를 알아볼 수 없을 정도로 왜곡할 수 있으며, 최악의 경우 거짓말로 쌓은 탑이 되어버리기도 한다. 이렇듯 서사는 우리의 소통에 항상 존재하기 때문에 그 기능과 함정에 대해 자세히 살펴볼 필요가 있다.

우리는 자기만의 서사를 통해 삶을 이야기하며, 이때 우리 인생사에 등장하는 '주요 인물들'과도 이야기를 나눈다. 그리고 이 이야기들은 우리가 다음에 비슷한 상황에 처했을 때 어떻게 반응할지에 대해서도 많은 것을 알려준다. 우리는 그 이야기 속 대화들을 반복하고, 결국 그 대화들은 행동 패턴이 된다. 이렇게 우리의 이야기는 우리의 소통을 형성한다.

누군가에게 부당한 대우를 받아 불편한 감정을 느낀 적이 있는가? 이럴 때 우리는 종종 말문이 막혀 상대가 자기 행동을 중심으로 구축한 서사적 틀에 무력하게 휘둘리곤 한다. 시간이 지나 그때 벌어진 일을 우리가 어느 정도 극복한 후에야 비로소 우리 자신의 이야기를 만들어내곤 한다. 그러면 우리도 적절한 대응을 생각해낼 수 있다. 이는 상대를 완전히 때려눕힐 정도의 강력한 반응이 될 수도 있고, 자신감에서 비롯되는 침묵이 될 수도 있다. 어떤 서사를 선택하느냐에 따라 향후 비슷한 상황에서 우리가 어떻게 반응하고 다음 이야기를 어떻게 써 내려갈지가 결정된다.

안타깝게도 우리는 우리가 믿고 싶은 만큼 자유롭게 서사를 구성하지 못한다. 그 이유는 우리의 행동 및 소통 패턴이 경험과 생각뿐만 아니라, 광고에서 오락에 이르기까지 미디어가 만들어내는 서사에 점점 더 강하게 영향을 받고 있기 때문이다. 그 결과 우리의 소통에 대한 노력을 잘못된 길로 이끄는 두 가지 함정이 생겨나는데, 바로 웅변술의 기적과 영웅 이야기다.

영화 속 감동적인 말,
따라 해도 될까?

　서구의 강한 엔터테인먼트 문화에 영향을 받은 현대 사회는 소통의 영향력에 대해 완전히 왜곡되고 비현실적이며 비효율적인 이미지를 가지고 있다. 우리는 경험과 이성적 사고를 바탕으로 우리의 메시지가 감정에 미치는 영향을 예측하는 대신, 우리가 머릿속에 넣어둔 '오락적 서사'에 의존한다. 이러한 오락적 서사는 매우 자주 실제 소통 결과를 잘못 예상하게 만든다. 그렇게 되면 우리가 하는 말을 받아들이는 사람이 예상과 전혀 다른 반응을 보이고, 혼란과 실망, 때로는 갈등이 발생하기도 한다.

1992년에 개봉한 영화 〈여인의 향기〉에서 알 파치노는 시력을 잃은 중년의 퇴역 군인 프랭크 슬레이드를 연기했다. 그는 자기가 고용한 아르바이트생 찰리와 감정적으로 가까워지게 된다. 대학생이던 찰리는 대학 동기를 밀고하지 않으려다 곤경에 처하게 되고, 고민 끝에 차라리 퇴학당하는 쪽을 선택한다. 이때 슬레이드가 징계위원회 앞에서 찰리를 대변하며 이렇게 말한다.

"나는 이제 내 인생의 마지막 갈림길에 섰습니다. 하지만 난 어떤 길이 옳은 길인지 항상 알고 있었어요. 그러나 나는 결코 그 길을 택하지 않았습니다. 왜 그랬는지 아십니까? 그 길은 너무 어려웠기 때문입니다. 여기 찰리가 있습니다. 그 역시 중요한 갈림길에 서 있습니다. 그리고 그는 올바른 길을 선택했습니다. 자신의 원칙으로 만들어진 길. 바른 인격으로 이끄는 길. 그가 이 길을 계속 걸어가게 해주십시오. 위원회 여러분들의 손에 이 청년의 미래가, 촉망받는 미래가 달려 있습니다. 저를 믿으세요. 그의 미래를 망가뜨리지 말고 보호해주세요! 그리고 포용해주세요. 언젠가 여러분은 오늘 일을 매우 자랑스러워할 것입니다. 약속드릴 수 있습니다."

아마 이 영화를 보지 않은 사람들도 영화의 결말을 어렵지 않게 예상할 수 있을 것이다. 징계위원회가 열린 강당은 우레와 같은 박수로 가득 찼고 앞을 보지 못하는 참전 용사의 말은 모두를 감동시켰다. 아무리 못된 악당이라도 찰리가 대학에 남을 수 있도록 응원할 수밖에 없을 것이다. 완벽한 웅변술이 이루어낸 아름다운 해피엔딩이었다. 알 파치노는 이 영화에서 훌륭한 연기로 아카데미 최우수 남우주연상을 수상했다. 훌륭한 연설이 훌륭한 영화를 만들었다. 〈캐리비안의 해적〉부터 〈월 스트리트〉까지 수많은 훌륭한 영화에는 수많은 감동적인 말이 등장한다. 그렇게 우리는 재미있고 감동적인 영화를 본 후 '적절한 말만 잘 찾는다면 모든 갈등을 해소할 수 있다'는 단순한 교훈을 얻고 집으로 돌아가곤 한다.

그리고 그 교훈은 강력한 믿음을 형성한다. 우리는 영화 속에 나오는 완벽한 웅변술의 경이로움에 푹 빠져서 그 전설을 믿게 된다. 배우자와의 위기 상황에서든 상사와의 의견 충돌 상황에서든 잘 선택한 몇 마디의 말만 준비된다면 모든 갈등을 잠재울 수 있으며, 결투를 위해 뽑은 권총을 다시 집어넣고 함께 석양 속으로 말을 타고 달릴 수 있다고 말이다.

하지만 이는 현실이 아니다! 이러한 웅변술은 훌륭한 엔터테인먼트일 뿐이다. 이는 우리가 어떤 난관에서도 빠져나갈 수 있다는 '희망'을 준다. 하지만 현실에서도 정말 그럴까? 우리가 화려한 미사여구의 불꽃놀이를 시작하면 상대가 기꺼이 '아, 내 생각이 잘못 됐구나' 하면서 자기 입장을 바꾸리라고 진지하게 기대할 수 있을까? 그런 불꽃은 대체 어떤 불꽃이란 말인가?!

회사는 쉽지 않은 상황에 처해 있다. 매출은 감소하고 비용은 증가하고 있으며, 정리해고의 물결이 임박했다는 소문이 돌고 있다. 하지만 경영진은 당분간 직원을 해고하지 않기로 결정했다. 경영진 대변인은 직원 회의를 소집하여 사기가 떨어지고 불안한 분위기를 전환하기 위한 연설을 준비했다. 그는 강단에 올라 연설을 시작한다. 연설문에 쓴 단어 하나부터 확신에 찬 목소리, 말을 멈추는 타이밍까지, 그는 완벽한 연설을 한다. 직원들은 우레와 같은 박수를 보내고 그들은 더 나은 미래에 대한 기대에 부풀어 힘차게 작업대나 책상으로 돌아간다. '정말 잘될 거야!'

하지만 실제 삶에서는 상황이 완전히 다르게 흘러간다. 직원들은 일자리를 잃을 수도 있다는 두려움과 실존적 공포를 느낀다. 그들은 인지적 차원에서는 설명할 수 없는 감정을 경험한다. 이성적인 논리로 감정에 맞서기란 불가능하다. 우리 뇌에는 다양한 작업을 처리하기 위해 엄격하게 분리된 '부서'가 없긴 하지만, 우뇌는 주로 감정과 경험, 시각적 이미지를 담당하고 좌뇌는 이성적인 수준에서 사실과 논리, 분석적 사고를 관리한다. 위의 예가 의미하는 바는, 직장을 잃을 수 있다는 위협을 '느끼는' 것과 오늘 해고될지 아니면 내일 해고될지와 같은 세부 사항은 서로 별개의 문제라는 점이다. 뇌에서 일어나는 일도 똑같다. 다만 상황이 아직 발생하지 않았기 때문에 궁극적인 해결책을 찾을 수 없다. 그런 까닭에 우리의 용감한 경영진 대변인은 기껏해야 정중한 박수, 어쩔 수 없이 무표정한 얼굴로 치는 박수를 받을 수 있을 뿐이다. 모든 기적이 그렇듯, 웅변술을 통한 기적 역시 아주 드물다.

우리는 왜
가상의 이야기에 빠져들까?

 닭이 먼저인지 달걀이 먼저인지 모를 정도로 현실은 엔터테인먼트에 영향을 미치고, 엔터테인먼트는 현실에 영향을 미친다. 1991년, 당시 나의 고향이었던 워싱턴 D.C.에서는 482건의 살인 사건이 발생했다. 그리고 그 치명적인 현실 속에서 흑인들의 랩 음악이 수면 위로 떠오르며 승승장구하기 시작했다. 빈민가의 잔혹한 상황은 가사 속에서 영웅적인 이야기로 미화되었다. 지성적인 음악가들은 (때때로) 지능이 낮은 거친 사람들을 흉내 내고 폭력과 성차별, 마약을 미화했다. 그러자 곧 안전한 교외의 백인 중산층 아이들이 불과 50년 전만 해도 혐오해 마지않던 스타일과 어휘, 제스처를 모방하기 시작했다.

랩을 예술로 승화시킨 삶의 현실과 직접적으로 관련 있는 사람은 아주 소수에 불과했지만, 래퍼들의 서사는 전 세대의 소통에 영향을 미쳤다. 마찬가지로 영화와 드라마, 최근에는 인플루언서와 소셜 미디어 콘텐츠가 오늘날 우리의 소통 방식에 영향을 미치고 있다. 내일 우리가 어떻게 이야기할지가 궁금한가? 지금 유행하고 있는 오락의 형태를 보기만 하면 된다. 이러한 콘텐츠들은 우리 자신에 대한 '이미지'를 형성하고, 우리가 만들어낸 그 서사 안에서 자신에게 어떤 '역할'을 부여할지에 영향을 미친다.

우리는 오락거리로 제시된 이야기를 우리 삶에 맞게 각색하고, 그 이야기 속에서 자신을 영웅의 역할에 배치한다. 아마도 이것이 마치 유행병처럼 오늘날 모든 사람이 불만을 느끼고 자신의 본모습을 잃는 주요 원인일 것이다. 다시 말해 우리 자신의 서사는 우리 삶의 경험과 사실상 거의 관련이 없으며, 대부분은 우리가 소비하는 오락 산업과 소셜 미디어의 모방에 불과하다.

인생은 영화와 같지 않다. 이것이 바로 영화가 멋진 이유다.

아이러니하게도 이러한 매스 커뮤니케이션의 도구가 감성지능적 소통을 가로막는 장애물이 되기도 한다. 즉 우리는 이윤을 극대화하는 오락 산업의 서사에 갇혀 신중하게 자신의 이야기를 하는 법, 이웃의 이야기를 있는 그대로 존중하는 법을 점점 잊어간다.

왜 우리는 우리의 삶과 전혀 상관없는 이야기에 쉽게 빠져들까? 그 답은 놀라울 정도로 간단하다. 좋은 오락은 실제 삶만큼이나 우리에게 강한 영향을 미치기 때문이다. 우리 뇌는 가상의 상황을 바라볼 때도 실제로 그 상황을 경험할 때와 똑같이 활성화된다. 무대 위의 연기자와 화면 속의 배우는 한 가지 중요한 임무를 지니고 있다. 관객으로서 우리가 보고 있는 장면이 실제로 일어나고 있다고 믿어질 만큼 최대한 생생하게 전달하는 것이다. 배우의 이러한 연기가 성공할 수 있는 이유는 우리 뇌가 실제로 무언가가 '의심스럽다'고 느낄 때와 '오스카 수상감인 연기'를 볼 때 두 상황 모두에서 동일한 방식으로 반응하기 때문이다.

그리고 이런 반응은 우리에게 후유증을 남긴다. 갈등을 현실처럼 경험하게 되면서 갈등 해결 또한 현실처럼 경험하게 되는 것이다. 그렇게 영화 속의 기적 같은 웅변술과 모든 갈등 상황을 긍정적으로 바꾸는 연설을 실제 대화의 선택지로 삼게 된다. 이러한 오락 산업이 우리에게 제공하는 이야기는 뇌를 위한 패스트푸드와도 같다. 우리는 이러한 서사를 흡수하여 '해결책 모델'로 저장한다. 그리고 그것이 정말 건강한지, 진짜 해결책인지에 대해서는 생각하지 않으려 한다.

이러한 엔터테인먼트적 방식이 성공하려면 한 가지 중요한 전제 조건이 있다. 즉 우리가 세상을 바라보는 인식과 상대방이 세상을 바라보는 인식이 똑같아야 한다는 것이다. 하지만 현실에서 그런 일은 절대로 일어나지 않는다. 그보다는 다양한 사람들의 수만큼이나 다양한 인식이 존재한다고 가정해야 한다.

모든 사람은 각자의 관점으로 상황을 다르게 본다. 사람마다 영향을 받는 방식도 다르고, 관심사도 모두 다르다. 또한 모든 사람은 같은 말도 저마다 다르게 듣는다. 이토록 각기 다른 인식을 가진 다양한 사람들이 동시에 지혜에 이르는 길을 함께 간다는 것, 그리고 그들이 똑똑한 연설자가 의도한 방향으로 똑같이 움직인다는 것은 절대적으로 불가능하다. 그러한 가정은 우리의 소통을 실패로 이끈다. 미국의 스릴러 작가 톰 클랜시Tom Clancy가 자신의 책에서 "가정은 모든 실패의 어머니다!"라고 생생하게 표현한 것처럼 말이다.

관계가 완전히
끝나버리기 전에 생각해야 할 것

    덧붙여 말하자면 이러한 인식 세계 사이의 불일치는 엔터테인먼트 산업의 개입 없이도 흔히 발생한다. 어떤 것에 대한 나의 인식과 상대의 인식이 종종 정반대를 이룰 때가 대표적이다.

    일상에서 발생하는 갈등의 대화는 상대가 뻔뻔하고 멍청한 태도를 보이며 내 말이 옳다는 사실을 인정하지 않으려 할 때 시작된다. 나한테는 너무나도 당연한 사실을 상대가 전혀 인정하지 않는 것이다! 어떻게 그렇게 바보 같을 수 있을까! 어떻게 그렇게 고집스러울까!

이때부터 사태는 점점 악화하기 시작한다. 술집에서 말다툼이 벌어지고 서로 사랑하는 커플이 이별을 고한다. "내 주변에는 왜 이런 바보들만 있는 거야?"라고 큰소리로 한탄하는 상사나 부모는 이러한 오류의 전형을 보여준다. 자기 생각이 '지혜'가 아니라 그저 자기 생각일 뿐이라는 사실을 깨닫지 못하는 사람, 그리고 다른 사람의 시각과 자신의 시각은 서로 다를 수 있다는 사실을 깨닫지 못하는 사람이 바보가 아니라면 누가 바보일까?

위험과 효과에 대해 질문하기

앞으로 대화를 시작하기 전에 소통을 통해 어떤 효과를 얻고 싶은지에 대해 생각해보라. 그런 다음 자신에게 질문해보라. 이러한 기대는 어디에서 비롯된 것인가?

- 영화나 드라마에서 얻은 경험이거나 그것에서 비롯된 이상인가?
- 업무와 관련된 것인가? 회사 내에 어떤 특정한 이야기를 의심 없이 당연하게 받아들이는 집단 역학이 존재하지는 않는가?
- 상대방의 반응에 대한 나의 기대는 단지 내가 생각하는 옳고 그름에 따른 것이 아닌가?
- 내가 생각하고 있는 가정에 따라 비현실적인 희망사항에 매달리고 있는 건 아닌가?
- 나의 기대에 실제로 현실적인 근거가 있는가?

- 나의 소통에서 현실적으로 기대할 수 있는 효과는 무엇인가?

 물론 이 모든 것이 뭐가 그리 나쁘냐고 반문할 수도 있다. 다른 사람들 앞에서 말을 해야 한다면, 아주 훌륭한 연설을 할 수 있도록 노력할 가치가 있지 않을까? 주인공이 명료하면서도 공감 어린 말로 악당의 손에서 총을 놓게 하고 눈에 눈물을 머금게 하거나 연인의 옷깃을 만지면서 속삭이는 말 또한 훌륭한 소통의 목표가 아닐까? 그렇다. 하지만 우리는 모두 훌륭한 연설을 하는 것, 적절한 말을 찾는 것이 얼마나 어려운지 알고 있다.

 우리가 엔터테인먼트에서 배울 수 있는 교훈 하나는 모든 정보에는 맥락이 필요하고 모든 학습 경험에는 이야기가 필요하다는 것이다. 감성지능을 사용해 소통하려면 이러한 이야기 안에서 움직이거나 우리가 말하는 것의 의미를 명백히 밝히는 새로운 이야기를 들려줘야 한다. 그런 까닭에 잘 쓰인 소설은 우리에게 감동을 준다. 등장인물의 말과 행동을 그들의 맥락에서 이해할 수 있도록 일정한 틀을 제공하기 때문이다. 여행과 교통편, 숙박을 모두 해결해주는 감성적인 패키지여행처럼 말이다.

 다행인 점은 감성지능적 소통이 완벽함을 요구하는 대화와는 거리가 멀다는 것이다. 또한 환상의 공장에서 찍어낸 듯한 일률적인 해결책을 실현할 필요도 없다. 감성지능적 소통이 비록 우리에게 많은 인내심을 요구하는 것은 사실이다. 그러나 우리가 영웅 서사에서 벗어나고 소통의 성공 여부가 상대방에게 달려 있다는 사실을 인지하는 것만으로도 우리는 꽤 괜찮은 소통을, 때로는 정말로 따뜻한 대화를 할 수 있다.

제7장

대화에 존중을 담아내는 법

여섯 번째 말하기 도구 – 눈높이

"당신의 눈동자에 건배"Here's looking at you, kid!는 아마도 영화 역사상 가장 많이 인용된 대사 중 하나일 것이다. 영화 〈카사블랑카〉에서 험프리 보가트는 상대 여배우인 잉그리드 버그만에게 이 말을 속삭였다. 험프리 보가트의 다소 까칠한 태도에서 이 건배사는 어딘지 모르게 권위적으로 들린다. 솔직하게 대답해보자. 프로젝트를 성공적으로 마무리한 후 축배를 들 때 상사에게 이렇게 말할 수 있겠는가? 한번 시도해보라! 잘못하면 새로운 일자리를 찾아야 할 수도 있다.

문제는 이 대사가 같은 눈높이에서 말하는 것처럼 들리지만 사실은 그렇지 않다는 것이다. 이 대사에는 '꼬마'kid라는 표현이 나오는데 이는 아랫사람을 대하는 언어적 제스처다. 깊은 사랑의 맥락에서, 그러니까 서로 복종할 가능성이 있는 관계에서는 그럴듯하게 작동할 수 있다. 하지만 항상 그렇지는 않으며, 다른 상황이라면 더더욱 그렇지 않다. 따라서 상사와 서로 깊이 사랑하는 사이가 아니라면 이 말은 절대 입 밖에 내지 않는 것이 바람직하다.

어떤 위계 구조에서 더 높은 위치에 있거나 자신이 최상위에 있다고 믿는 사람들은 절대 상대와 눈높이에서 소통하지 않는다. 그들은 가르치려 하거나 심지어 조롱하는 듯한 말투를 쓰기도 하고, 의도적으로 언어로 상처를 주기도 한다. 단순히 자신이 그렇게 할 수 있다는 이유만으로 다른 사람에게 상처를 주는 사람들도 있다. 자신이 위계질서에서 더 높은 위치에 있다는 사실을 확실히 보여주려고 하는 의도다. 그들은 '내가 당신보다 위에 있고, 내가 이렇게 해도 되니 당신은 이를 받아들여야 한다'는 메시지를 전달한다. 그리고 여기서 정말로 그러한 위계질서가 존재하는지는 별로 중요하지 않다. 순전히 상상에 따른 이러한 권력의 불균형 문제는 부모 자식 사이에서 대표적으로 잘 나타난다.

어머니가 십 대 딸에게 어떤 행동을 고치길 바라며 거의 명령에 가까운 어조로 말한다. '이제 좀 그만 할 수 없겠니?' 또는 '이젠 좀 이렇게 할 때도 되지 않았니' 같은 말들이다. 두 사람 사이에 벌어진 열띤 논쟁은 종종 문을 쾅 닫는 격렬한 말다툼으로 끝난다. 결국 언제나 '나는 네 엄마잖아!'라는 변명과 '엄마는 나한테 그렇게 명령할 권리가 없어'라는 반박만이 남는다.

수많은 부모와 십 대 자녀들이 이러한 고통스러운 대화를 나누곤 한다. 이는 매우 불필요한 대화이며 피할 수 있는 대화다. 여기서 어머니가 딸에게 원하는 행동이 무엇이든지 간에 '실제로' 전달하는 메시지는 사실 '나는 네가 무슨 생각을 하고 무슨 감정을 느끼며 무엇을 해야 하는지 요구할 수 있다'는 것이다. 어머니는 마치 자신의 권력을 행사하는 상사처럼 행동하고 있다. 자기 삶을 주도적으로 꾸려갈 준비를 하고 있는 십 대 딸에게 이런 말은 마치 뺨을 때리는 것과 같다. 이 순간 딸은 자기 결정권과 자유에 완전히 반대되는 경험('지금 엄마가 말하잖아!', '잔말 말고 엄마 결정대로 해!')을 한다. 전형적인 위계의 불균형이 발생하는 상황으로서 한쪽은 자신에게 '결정권'이 있다고 믿는 반면, 다른 쪽은 이 권리를 부인하고 자기 결정권을 주장한다.

당신이 사다리의 위쪽에 있고 상대방이 사다리 맨 아래쪽에 있는 모습을 상상해보자. 당신은 높은 사다리의 꼭대기에서 굳이 대화를 나누고 싶은가? 그 꼭대기에서 균형을 잃을 수도 있고, 사다리 아래쪽에 있는 상대방이 사다리를 발로 차버릴 수도 있다. 이러한 무력한 위치에서 힘들게 대화하려는 사람은 아무도 없을 것이다. 그런데도 왜 우리는 위계라는 사다리를 타고 올라가려고 할까?

다행스럽게도 이러한 의구심이 느리게나마 점차 사람들 사이에 퍼지고 있다. 오늘날 기업에서 CEO가 회사 직원들과 대화할 때 서로의 이름을 부르는 것은 지극히 정상적인 현상이다. 지시 사항은 명령조가 아니라 정중하게 전달된다. 기업들이 이렇게 하는 이유는 경직된 위계질서가 감성지능적 소통을 방해할 수 있다는 사실을 경험을 통해 깨달았기 때문이다. 소통에 위계적 격차가 존재하면 결속감과 자율성에 대한 기본 욕구가 침해된다. 어느 한쪽이 아닌 양쪽 모두에서 말이다. 이는 막대한 정서적, 물질적 피해를 초래한다. 그래서 서로의 이름을 부르는 문화는 조직 내 위계 시스템에서 발생할 수 있는 위험한 상황을 예방하거나 최소한 완화하는 데 도움을 줄 수 있다.

눈높이에서 소통한다고 해서 책임져야 할 사람이 사라지는 등 위계질서의 기능까지 사라지지 않을까 걱정할 필요는 없다. 인턴이 회사 대표의 이름을 부를 수 있다고 해서 행동까지 무례하게 할까? 만약 그렇게 한다면 아마 그는 더 이상 인턴으로 일할 수 없을 것이다. 그리고 그것은 그의 인성 탓이지, 위계질서가 부족해서가 아니다. 눈높이에서 소통한다고 해서 회사에 일종의 무정부 상태가 발생할 위험은 존재하지 않는다.

감성지능적 소통은 위계 차이에서 발생하는 위험을 처음부터 만들지 않는다. 실제로 위계질서가 존재하더라도 눈높이를 맞춰 대화한다고 해서 그 위계가 위협받지는 않는다.

어쩌면 이 지점에서 수직적인 리더십을 추구하는 경영진은 고통스러운 표정을 지을지도 모르겠다(어쩌면 당신도!). 그러나 사실 그러한 믿음은 이미 오래전에 잘못된 것으로 판명되었다.

상사와 직원이 서로 이름을 부르는 편한 분위기가 조성되면 직원들이 욕을 더 쉽게 한다고 믿는 조직들이 여전히 남아 있는 듯하다. 그래서 어떤 상사들은 직원에게 꼬박꼬박 극존칭을 쓰고 존댓말을 하라고 요구하기도 한다(정작 자기는 직원들을 이름으로 부르면서!). 그들은 그렇게 자신이 위계의 높은 곳에 위치해야 직원들로부터 욕을 덜 들을 것이라고 믿는다. 하지만 정말 그럴까? 어쨌든 대놓고 욕하는 일은 없겠지만 직원들은 마음속으로 '이런 개자식!'이라고 생각할 가능성이 훨씬 더 높다. 그리고 이러한 생각이 드는 순간 인정과 존중, 건설적인 행동은 사라지게 된다. 바로 여기에 진정한 위험이 도사리고 있다.

다른 사람들이 나를 '원래 그런 사람'으로 생각하지 않도록 하는 유일한 방법은 그들에게 불만 사항을 말할 수 있는 기회를 주는 것이다. 그렇게 하면 상호 존중의 가능성이 커진다. 부하 직원들이 자신을 나쁘게 생각할까 봐 두려워서 위계질서 뒤에 숨는 상사들이 얼마나 많은가? 이는 일종의 자기충족적 두려움이다. 그렇게 스스로를 고립시키는 상사들일수록 직원들로부터 부정적인 평가를 더 많이 받는다.

사생활 영역에서도 이와 동일한 규칙이 적용된다. 개인적인 인간관계, 심지어 연인 관계에서도 종종 위계나 힘의 불균형이 나타나곤 한다. 앞서 언급했듯이 기본적으로 두 사람이 서로 같은 눈높이에서 소통할 수 있다면 실제로 위계가 존재한다고 해도 그것을 장난스럽게 활용할 수 있다. 그러나 두 사람의 관계가 처음부터 명확한 위계질서를 기반으로 형성되면 사실상 그 관계는 제대로 작동하지 못한다. 표면적으로 잘 작동하는 것처럼 보여도 위계가 수면 위로 드러나는 순간 관계가 끝나버린다. 위계가 드러나는 순간

힘의 불균형이 상대방에 굴욕감을 안겨주기 때문이다.

  소통에서 위계를 없앤다고 해서 당신이 무시를 당하거나 자리를 위협받을 일은 없다. 오히려 자신을 더 낮출수록 당신은 더 강해진다. 겸손은 강하고 자존감 있는 자만이 가질 수 있는 태도임을 기억하라.

동기부여를 잘하는 사람에게는 위계가 없다

 소통의 기본은 분업이다. 소통뿐만이 아니라 우리가 사는 세상은 절대 혼자서 살아갈 수가 없게 분업화되어 있다. 우리는 주변 사람들이 우리를 위해 어떤 일을 하고, 우리 또한 그들을 위해 무언가를 하는 방식에 의존하며 살아간다.
 우리가 먹는 식량을 생산하는 농부는 비교적 소수에 불과하다. 현대 사회를 사는 대부분은 생존에 필요한 물을 우물에서 길어오지 않는다. 우리가 입는 옷 역시 다른 사람이 만든다. 칫솔에서 스마트폰에 이르기까지 우리에게 필요한 거의 모든 품목이 다 마찬가지다. 이러한 물건들은 캘리포니아의 프로그래머와 디자이너가 고안하고 중국의 노동자가 생산한다. 의사는 우리가 건강을 유지할 수 있도록 돕고, 연구자들은 거기에 필요한 정보를 제공한다. 그리고 이상적인 경우, 우리는 인생의 동반자와 서로를 잘 보완하여 서로가 원하는 부분을 더 잘 충족시켜나간다. 이처럼 우리 삶의 성공에 중요한 협력의 스펙트럼은 인간 경험의 전체 스펙트럼만큼이나 넓다.

일반적으로 직장에서의 성공은 분업에 기반한 다른 사람들과의 성공적인 협업의 결과다. 이때 위계 구조에 따라 분업적으로 의사결정이 이루어진다면 더욱 효율적으로 협업이 이루어진다. 이상적인 경우라면 모두가 각자의 특별한 재능과 기술로 자신의 업무를 수행하여 성공에 기여할 것이다. 이를테면 글로벌 자동차 제조업체의 CEO는 자동차 조립에 관여하지 않으며, 조립 기술자는 글로벌 시장의 복잡한 문제에 관여하지 않는다. 만약 둘의 역할이 바뀐다면 어떨까? 최종 고객에게 자동차를 판매할 때 처참하게 실패할 수 있다. 모든 대기업에서 전략, 개발, 생산, 마케팅은 절대 한 사람이 혼자서 할 수 있는 일이 아니다. 중요한 것은 '우리', 또는 '팀'(우리 모두를 하나로 연결시키는 것을 뭐라고 부르든 간에)이 어떻게 작동하느냐에 달려 있다. 그러나 이러한 사실은 우리 스스로가 자급자족하는 존재라고 믿는 착각과 함께 쉽게 간과되곤 한다.

우리는 절대 자급자족하는 존재가 될 수 없다. 아무리 능력 있는 회사라도 상사가 무능하다면 실패하기 마련이다. 최고의 CEO라도 내부적으로 병든 조직을 성공적으로 이끌 수는 없다. 아무리 강인한 축구 선수들이라도 모두가 자신만을 위해 뛴다면 약한 팀에 불과하다. 선수들에게 단순히 경기하는 방법을 알려주기만 하면 팀을 승리로 이끌 수 있다고 믿는 감독은 절대 성공할 수 없다. 오히려 감독의 임무는 팀의 상호작용을 끌어내고, 그 안에서 선수들이 재능을 발휘할 수 있도록 하는 것이다.

물론 명령 체계가 제대로 작동한다면 위계 구조는 매우 효율적인 도구가 될 수 있으며, 어떤 극단적인 상황에서는 그러한 명령 체계가 반드시 필요하기도 하다. 그래서 많은 사람이 자발적으로 자신을 위계 구조 안에 끼워넣기도 한다. 하지만 그러한 위계 시스템은 사람들의 삶에 의미가 있을 때에만 지속적으로 기능할 수 있다. 그러므로 우리는 이러한 위계 시스템의 단기적인 성공에 속아서는 안 된다. 인간으로서의 '핵심 사업', 즉 다른 사람과의 협력에서 성공하려면 우리가 타인의 협력에 얼마나 의존하고 있는지를 꼭 기억해야 한다. 서로 대화할 때는 특히나 더 그래야만 한다.

대부분의 상황에서 이러한 위계 시스템은 지속 가능한 공존에 유용하지 않다. 말하자면 모든 인간이 가지는 가장 중요한 정서적 기본 욕구, 즉 자기 삶을 자유롭게 형성하고 타인과 진정한 유대를 맺고자 하는 욕구에 도움이 되지 않는다. 권력과 위계 구조가 소통의 원동력이자 기반이 되어서는 안 되는 이유도 바로 여기에 있다.

다시 한 번 강조하건대, 나는 여기서 위계 시스템 자체를 비판을 하려는 것이 아니다. 앞서 말했듯이 위계 구조는 질서와 효율성 측면에서는 중요한 목적을 충족시킨다. 하지만 소통 측면에서는 아무런 효과가 없다. 상대의 기본 욕구를 잘 충족시켜줄 수 있다는 점을 분명하게 드러내고, 서로에게 진정한 동기를 부여하는 방식으로 대화해야만 우리는 함께 성공할 수 있다.

상대의 일상을 기꺼이 받아들이자

　진정한 의미에서의 교류, 진정한 의미에서의 소통을 하려면 상대방과 항상 눈높이를 맞춰야 한다.
　이 말이 처음에는 놀랍게 느껴질 수도 있다. 이러한 감성지능적 소통을 복잡하게 주고받지 않고서도 할 수 있는 대화가 수없이 많지 않은가? 이를테면 '12시 17분이야', '기차가 7번 승강장에서 출발해', '비 오니까 우산 가져가'와 같은 말은 꼭 눈높이를 맞추지 않아도 훌륭하게 작동한다. 이러한 말은 언뜻 보기에는 대화 참여자들 사이에서 정보 교환이 일어나지 않는, 어느 한쪽의 일방적인 정보 전달처럼 보인다. 이 말에서 눈높이가 필요한 곳은 어디일까?

따로 떼어놓고 보면 얼핏 맞는 말 같다. 그러나 그 어떤 것도, 그 누구도 우리 삶에서 따로 떼어놓고 생각할 수는 없는 법이다. 앞서 우리가 하는 모든 말은 맥락 속에서 일어난다고 했던 것을 기억하는가? 인간이 누구도 섬이 아닌 것처럼 그 어떤 문장도 언어의 섬이 아니다. 더 정확하게는 여러 가지 맥락 속에서 이루어진다.

"우산 가져가." 이 간단하고도 일상적인 말과 요청은 여러 관계와 맥락에서 작용한다. 사랑하는 사람의 건강이 걱정되어서 하는 말인가? 아니면 말다툼 끝에 집에서 쫓아낸 사람에게 그의 물건을 당장 가져가라고 하는 말인가? 또는 생일 선물로 그토록 바라던 공룡 무늬 우산을 어제 막 받은 어린아이에게 하는 말인가? 각각의 상황에서는 같은 문장이라도 그 의미의 뉘앙스가 다르다.

발화되는 말과 화자 및 청자의 개별적인 상황, 그리고 그들의 관계에는 각각 고유한 역학 관계가 있다. 우리가 하는 모든 말은 이전에 했던 모든 말과 함께 작용하여 다음에 무슨 말을 어떻게 할지에 영향을 미친다. 화자와 청자는 각자 어딘가에서 왔다가 어디론가 간다. 그들은 우산 아래서 잠시 마주치고는 다시 각자의 길을 간다.

상황의 역학 관계는 그 이전에 발생했으며, 앞으로 하게 될 말뿐만 아니라 화자와 청자의 관계에도 영향을 미친다.

   그래서 감성지능적 소통에서는 화자와 청자를 구분하지 않는다. 대화 당사자 모두가 지속적인 교류의 주인공으로, 자신의 상황과 서로의 관계를 끊임없이 변화시키기 때문이다. 서로 대화할 때 우리는 단순히 '무언가를' 공유하는 게 아니다. 우리는 서로에게 '자신을' 공유한다! 그리고 소통이 잘 되면 그 대가로 상대방의 일부분을 공유받는다. 이를 두고 세계적인 승려 틱낫한Thich Nhat Hanh은 이러한 깨달음의 핵심을 다음과 같이 표현했다. "진정한 대화에서는 양쪽 모두가 변화하고자 하는 마음을 품고 있다."

나의 동기와 상대의 동기가 같아지려면

이쯤에서 앞서 언급한 서사에 대해 다시 고찰해볼 필요가 있겠다. 우리는 거의 항상 자신의 판단에 따라 세상을 설명하고 사건에 의미를 부여하기 때문이다. 우리는 항상 어떤 판단을 내린다. 이건 효과가 있고, 저건 해롭고, 이건 좋다 등등의 판단 말이다. 물론 이러한 판단은 세상을 사는 데 어느 정도 필요하다. 하지만 다른 사람을 자신의 관점에서 판단하기 시작하다 보면 눈높이를 벗어나게 된다는 사실을 깨달아야 한다. 그렇게 되면 감성지능적 소통으로 가는 길은 더욱 어려워진다.

감성지능적 소통을 하고자 한다면 우리가 가진 '서사에 대한 판단'에 의문을 제기하고 이야기의 일부를 다시 써야 한다는 것에 열린 마음을 가져야 한다.

맞는 말이다. 하지만 가슴에 손을 얹고 솔직히 생각해보자. 우리는 정말 그렇게 소통하고 있나? 우리가 평소에 하는 대부분의 소통은 상대에게서 어떤 행동을 기대하거나 상대가 어떤 행동을 하지 않기를 바랄 때 일어난다. '이제 방 좀 치워!', '그렇게 너무 안달하지 마', '한 번만이라도 시간 좀 지킬 수 없니?' 등등. 우리는 일상에서 이러한 말을 무수히 하고 또 듣는다. 이러한 문장의 문제점은 상대방이 방을 정리하거나 인내심을 갖거나 제시간에 나타나도록 전혀 동기를 부여하지 못한다는 것이다.

상대의 행동을 바꾸려는 당신의 말은 상대에게 전혀 동기부여가 되지 못한다!

앞서 제2장에서 살펴본 것처럼(65~66쪽) 행동을 변화시키기 위해서는 일반적으로 더 많은 동기부여가 필요하다. 예를 들어 상사가 시간을 지키지 않는 부하직원에게 '당신이 늦는 것을 여러 번 보았으니 이제 공식적으로 경고하겠습니다. 다음에 또 늦으면 징

계받을 각오를 해야 할 겁니다'와 같이 이야기했다고 해보자. 이러한 위협(부정적 자극)은 확실하게 동기를 부여할 수 있다. 그러나 양보나 보상(긍정적 자극)도 행동의 변화를 유발할 수 있다. 예를 들어 아이에게 자기 방 정리를 잘하면 놀이공원에 갈 수 있다는 희망을 보여주면 쉽게 행동 변화를 꾀할 수 있다.

여기서 말하는 동기부여란 단순한 관련성 그 이상의 개념이다. 어떤 식으로든 우리 감정에 와닿고 우리의 욕구를 충족시키는 모든 것은 관련성이 있다. 동기부여는 이 관련성을 뛰어넘는다. 동기부여는 우리가 관련성에 자극을 받아 실제로 어떤 행동을 시작하게 만든다.

> **행동을 시작하게 만드는 동기부여**
>
> 내일 하게 될 소통을 위해 할 일 목록을 작성해보라. 이를 위해 세 칸으로 된 표를 그린다.
>
> - 첫 번째 칸에는 누구에게 무슨 말을 하고 싶은지를 적는다.
> - 두 번째 칸에는 당신이 달성하고자 하는 목표를 적는다.
> - 세 번째 칸에는 무엇이 상대방에게 동기부여가 될지 적는다. 긍정적인 동기가 있는가? 상대에게 위협을 주는 게 효과적일까, 아니면 상대에게 협력적인 태도를 보이는 게 효과적일까?

나는 누구에게 무슨 말을 하려고 하는가?	나는 혼자 집안일을 하는 것이 버겁고 불공평하다고 느낀다. 배우자에게 집안일에 적극적으로 참여해달라고 말하고 싶다.
내가 달성하고자 하는 목표는 무엇인가?	나는 일과 집안일까지 다 하는 이 생활에서 벗어나고 싶다. 집안일을 분담하면 좋겠다.
무엇이 상대방에게 동기부여가 될까?	우리가 집안일을 함께하면 사랑스러운 시간을 함께 더 많이 보낼 수 있다.

위 연습은 두 가지 중요한 단계를 포함하고 있다. 첫째는 자신의 동기를 확실하게 인식하는 것이고, 둘째는 무엇이 상대방에게 동기부여가 될지 생각하는 것이다.

감성지능적 소통을 위해서 우리는 상대방 뇌 속의 '관련성 필터'를 통과해야 할 뿐만 아니라, 자신의 동기에 대해서도 분명히 알아야 한다. 나는 '무엇을' 원하고, '왜' 그것을 원하며, 상대에게 '어떻게' 동기를 부여할 수 있을지에 대해 답할 수 있어야 하는 것이다.

화자와 청자의 이해관계가 교차하는 지점에는 긍정적인 공통의 경험, 즉 '윈윈 상황'이 존재한다. 이러한 상황에서 소통은 즉각적인 목적(예를 들면 행동이나 태도의 변화)을 달성하는 것으로 끝나지 않는다. 이 지점에서 소통은 상호 관계의 강화로 이어지기도 한다. 그리고 이러한 상황을 적극적으로 이끌어내는 시도는 언제나 노력할 만한 가치가 있다.

승무원 자원 관리가 주는 교훈

이 책의 앞부분에서 언급한 승무원 자원 관리는 매우 효율적인 위계질서와 눈높이에 맞춘 감성지능적 소통이 하나의 시스템 안에서 어떻게 잘 어우러져 작동해야 하는지 분명하게 보여준다. 상황에 따라 그때그때 소통 방식이 달라질 수 있는 것이다!

비행기와 같은 복잡한 기기를 다루려면 명확한 의사결정 프로세스와 위계질서가 절대적으로 필요하다. 그러나 몇몇 비극적인 사고에서 알 수 있듯이, 기장이 실수를 범했을 때 부기장과 승무원이 상황을 파악하고도 개입하지 않는 경우에는 이러한 엄격한 위계질서가 수많은 사람의 생명을 위협할 수 있다.

그런 이유로 항공사는 승무원 자원 관리 시스템을 도입하여 비행 중에 의심스러운 상황이 발생하면 모두가 위계질서를 무시할 수 있는 제도를 마련했다. 부기장은 기장이 안전을 위협하고 있다는 징후를 느낄 경우, 지휘권을 넘겨받아야 한다. 승무원 또한 기장의 실수를 발견했을 때 자신의 의견을 명확하게 표현해 실수를 바로잡아야 한다. 그리고 그러한 소통을 받아들이고 그에 따라 자신의 행동을 바꿀 수 있는 기장은 크게 인정받는다.

비행 중에는 협력과 감성지능적 소통에 대한 동기부여가 매우 중요하다. 협력이 제대로 이루어지지 않으면 모든 탑승객의 '생존'이 위협받기 때문이다. 물론 일상에서 우리가 매일 나누는 소통은 위험한 비행 상황에서 나누는 소통과는 다르다. 하지만 원원 상황은 작은 도전에도 매력적인 자극이 될 수 있다. 그래서 승무원 자원 관리가 주는 교훈은 일상의 소통에도 충분히 적용할 만한 가치가 있다.

눈높이를 맞춘 소통은 상호 존중을 증진시키고, 모든 대화 당사자의 이야기를 경청하고 서로를 존중하는 환경을 조성한다. 이를 통해 자기 생각과 관점을 자유롭게 교환할 수 있고, 그 결과 더 나은 의사결정과 창의적인 해결책을 끌어낸다. 이처럼 감성지능적 소통은 모든 사람의 삶을 더 쉽게, 더 안전하게, 무엇보다도 더 가치 있게 만든다.

제8장

언어로서의 침묵

일곱 번째 말하기 도구 – 침묵

한 행사에서 무대에 오른 제14대 달라이 라마에게 심오한 신학적 질문이 던져졌다. 청중들은 노벨상을 수상한 그의 깨달음이 담긴 명언을 기다렸다. 만약 그 자리에 격언을 담은 달력을 출판하는 관계자가 있었다면, 누구보다 집중해서 그의 말을 들으려고 했을 것이다! 그러나 달라이 라마는 1분 동안 아무 말도 하지 않고, 가부좌 자세로 의자에 앉아 생각에 잠겼다. 깊은 생각에 잠긴 그의 모습에서 마치 신의 생각을 들을 수 있을 것만 같았다. 마침내 그는 마이크 앞으로 다가와 짧고 간결하게 대답했다. "잘 모르겠습니다."

말은 은이고, 침묵은 금이다. 이 속담은 너무 오래되고 너무 널리 쓰여서 굳이 언급하기가 민망할 정도다. 하지만 우리의 말 한마디 한마디가 신중하게 평가되는 요즘, 이 속담에 담긴 의미를 다시금 생각해볼 필요가 있다. 우리는 말을 함으로써 빛이 나기도 하지만, 때로는 침묵을 통해서만 고귀한 금박을 얻을 수 있기 때문이다.

위에서 언급한 달라이 라마의 경우를 보라. 그가 약 1분간의 침묵 후에 '잘 모르겠습니다'라는 말을 하면서 얼마나 많은 내용이 전달되었는지를 말이다.

- 그는 자신이 1분 이상 생각에 잠겼다는 사실로 자신에게 제기된 질문을 매우 진지하게 받아들였으며 대답할 가치가 있다는 신호를 보냈다.
- 그는 이 질문이 대답하기 쉬운 질문이 아니라는 신호를 보냈다.
- 그는 대답을 기꺼이 기다릴 청중의 신중함에 신뢰를 보여주었다.
- 그는 청중에게 대답해주는 것이 중요하다는 믿음을 보여주었다.
- 그는 잘 모르겠다고 대답함으로써 건강한 자신감을 보여주었다.
- 그리고 그는 자신이 아무것도 모른다는 사실, 적어도 모든 것을 알지 못한다는 사실을 아는 진정한 지혜를 보여주었다.

침묵은 가장 많은 것을 말해준다

침묵은 가장 강력한 소통 수단 중 하나다. 침묵은 아무 말도 하지 않는 것 이상의 의미를 지닌다. 이러한 맥락에서 '웅변적 침묵'Eloquent Silence이라는 표현을 쓰기도 한다. 이는 누군가가 아무 말도 하고 있지 않지만, 모두가 그가 무슨 말을 할지 알고 있는 상황을 의미한다.

우리가 소통할 때 아무 말도 하지 않는 것은 '침묵의 메시지'를 보내는 사람과 받는 사람 모두에게 매우 효과적이다. 침묵은 거의 항상 설득력을 가지며 그 자체로 뛰어난 전달력을 지닌다.

이 시점에서 한 가지 꼭 짚고 넘어가야 할 부분이 있다. 여기서 다루는 침묵은 처벌로서의 침묵이 아니라 소통의 건설적인 부분으로서의 침묵이라는 점이다. 누군가를 벌주기 위한 의도의 침묵은 소통을 중단하려는 행동이며, 협력보다는 통제에 가깝다.

반면에 '적극적 침묵'은 존재감과 열린 마음, 관심을 전달한다. 대화 상대는 당신이 주의를 기울여 자신의 말을 경청하고 있으며, 당신 또한 할 말이 있다는 사실을 분명히 알아챈다. 만약 청중 앞에서 연설할 기회가 생긴다면 처음에 아무 말도 하지 말고 그냥 잠시 가만히 있어보라. 이러한 적극적 침묵을 무대 위에서 보여주는 사람은 많은 공적인 자리에서든, 사적인 자리에서든 자신의 고요함으로 마치 폭풍우와 같은 영향을 주변에 미친다.

문제는 우리들 중 자신의 침묵을 견뎌낼 용기를 가진 사람이 거의 없다는 것이다. 대부분의 사람은 '침묵의 공기'_{Dead Air}를 몹시 두려워한다. 삶에서 우리가 절대적으로 편안함과 안전함을 느끼며 침묵할 수 있는 상대는 소수에 불과하다. 당연히 편안하지 않은 사람들과 함께 있을 때 침묵이 흐르면 불안감이 커진다. 그러다 가끔은 그런 침묵을 도저히 견딜 수가 없어 서로에게 의미 없는 말을 던지기도 한다.

입을 다물어보자!

당신에게는 매일 입을 다물고 있을 무수한 기회(무려 8만 6,400초!)가 주어진다. 그 기회를 살려 정말로 입을 다물고 아무 말도 하지 않는 '적극적인 침묵'을 연습해보라.

어떤 상황에서 말없이 가만히 있는 것은 단순히 아무 말도 하지 않는 것 이상의 의미가 있다. 침묵하는 동안 다른 데 정신을 팔지 말고, 다른 데 귀를 기울이지 말며, 다음에 무슨 말을 할지도 고민하지 말라. 침묵하면서 오로지 그 침묵만 생각하라.

잠시 후 자신에게 찾아오는 평온함과 당신의 침묵이 다른 사람들에게 어떤 영향을 미치는지 관찰해보라. 처음에는 적극적인 침묵을 실천하기가 좀 어려울 수 있다. 우리가 자극과 산만함이 넘쳐나는 세상에 살고 있기 때문이다. 그렇다고 곧바로 포기하지는 말라. 연습을 자주 할수록 침묵이 더 쉬워질 것이다.

적극적인 침묵을 선택할 때 일어나는 일

　적극적인 침묵은 말을 사용하지 않고 마음을 보여주는 행동이기 때문에 날카로운 소통의 검이라고 할 수 있다. 우리가 아무 말도 하지 않고 그저 다정하게 옆에 있어줄 때, 이는 어떤 신호를 보내는 것일까? 대화에서 침묵은 강력한 믿음의 메시지나 다름없다. 우리의 대화 상대나 청중은 '나는 너와 함께 있으면 편안하고 안전하다는 느낌이 들어. 나는 여기 있어. 여기시는 누구도 불안한 마음에 쉴 새 없이 재잘거릴 필요가 없어'라는 강력한 긍정적 신호를 받는다. 내 앞에서 아무 말도 하지 않아도 될 만큼 편안하고 안전하다고 느끼는 사람이라면 그는 분명 위험하지 않은 사람이라는 뜻이다. 만약 두 대화 당사자가 말을 통해 서로에게 이 같은 메시지를 표현하거나 앞에서 설명한 뇌의 경보 시스템(45쪽 참조)에 메시지를 전달하려면 매우 신중하게 단어들을 선택해야만 할 것이다.

앞서 제2장에서 살펴본 것처럼 우리 뇌는 새로운 대화 상대를 마주할 때마다 우리가 의식적으로 알아차리지 못하는 사이 상대에 대해 안전 점검을 수행한다. 어쩌면 이는 불필요한 작업일 수도 있다. 일상의 대화에서 어떤 위험이 발생할 가능성을 일일이 떠올리며 두려움을 느낄 필요는 없으니까 말이다. 그렇지 않은가?

하지만 위험이 따를 수 있는 대화 상황도 분명히 존재한다. 이를테면 해고의 가능성을 염두에 두어야 하는 직원 면담이라든가, 갈등 상황에서 배우자와 나누는 대화 같은 것 말이다. 게다가 자세나 목소리 톤, 말의 리듬을 통해 과거의 충격적인 경험에 대한 기억이 다시 깨어날 수 있다. 이러한 순간에 적극적인 침묵을 사용하면 투쟁-도피 반응이 나타나는 것을 방지하고, 원활한 의사소통의 토대를 마련할 수 있다.

대화 상황에서 침묵하기 위해서는 '저 사람이 나를 죽이지는 않을 거야'라는 생각을 넘어서는 '진정한 신뢰'가 있어야 한다. 그리

고 우리는 이러한 신뢰를 만들 수 있다.

　내가 상대방을 향해 미소를 지으며 다가가면 침묵은 신뢰를 쌓는 효과를 발휘한다. 즉 침묵은 내가 상대방과 상황에 대해 믿음을 가지고 있다는 신호이며, 이는 상대방에게 긴장을 풀어도 괜찮다는 메시지를 전해준다.

> **독백을 하는 걸까?
> 대화를 나누는 걸까?**

　침묵이 적극적이고 상대에게 친화적일수록 대화를 더욱 깊고 풍성하게 만들어주며 강력한 신뢰를 형성해준다. 게다가 침묵은 듣는 사람뿐만 아니라 말하는 사람에게도 놀라운 효과가 있다!

　우리가 적극적으로 참여하는 모든 형태의 소통에는 각각의 고유한 역학이 존재한다. 소통은 일종의 주고받기로, 마치 테니스에서 한 선수가 다른 선수에게 공을 넘기면 서로가 계속해서 상대에 맞춰 위치를 새로 조정하는 것과 같다. 한 선수가 어떻게 움직이고 공을 어떻게 치는지에 따라 다른 선수의 움직임과 공의 방향이 결정

된다. 이를 소통에 빗대어 생각해보자. 보통 우리가 말을 하지 않을 때는 상대방이 말을 하고 있다는 뜻이다. 이때 상대의 말을 경청하고 대화의 역학이 어디로 향하는지를 알아내야 한다. 훌륭한 테니스 선수가 상대의 움직임에 따라 자신의 전략을 수정하는 것처럼, 우리도 대화하는 동안 양쪽 모두에 세심한 주의를 기울여야 한다.

상대의 말을 경청하는 동시에 머릿속으로 대답을 준비하는 일이 얼마나 어려운지 우리는 모두 알고 있다. 그렇기 때문에 많은 사람이 이 지점에서 함정에 빠진다. 상대의 말을 적극적이고 주의 깊게 듣지 않고 오로지 핵심 단어만 듣고, 그사이에 자신이 할 수 있는 말이나 해야 하는 말에 집중하는 것이다.

어떤 사람은 상대의 말을 경청하면서 동시에 대답을 준비하는 게 너무 어려워서 상대방의 말을 전혀 듣지 못하고, 그에 맞춰서 반응하지 못한다. 아마 주변에서 이런 사람을 한두 명쯤은 떠올릴 수 있을 것이다. 이 경우 두 사람은 일종의 독백을 하고 있을 뿐 상대방과 대화를 나누는 것이 아니다. 이러한 사람들 중 상당수는 상대방이 말하고 있다는 사실을 거의 인지하지 못해서 대화 상대를 끊임없이 방해하기도 한다. 사실상 그들은 상대의 말에는 관심이 없고, 자기 할 말만 하느라 너무 바쁘다. 이들이 소통을 잘하는 사람이 아니라는 사실을 굳이 설명할 필요는 없을 것이다.

이제 가슴에 손을 얹고 생각해보자. 당신은 이런 적이 없었는지 말이다. 이는 분명히 우리 모두에게 충분히 일어나고 있는 일이다 (또는 일종의 수법일 수도 있다). 이러한 함정에서 벗어나려면 어떻게 해야 할까? 두 단계로 이루어진 해결책이 있다. 첫째는 경청의 가치를 인식하는 것이고, 둘째는 적극적으로 경청하며 대화에 함께 참여할 수 있는 적절한 '속도'를 찾는 것이다. 이어지는 내용에서 이 단계들에 대해 자세히 살펴보자.

똑똑하게 '잘 듣는' 법

소통은 말이 A에서 B로 전달되는 것이다. 물론 이것이 틀린 말이라고 할 수는 없지만 이 정의는 소통 과정 전부를 설명하지 못한다. 우리는 말할 때뿐만 아니라 들을 때도 적극적으로 소통에 참여하고 표정과 제스처, 자세를 통해 상대방에게 메시지를 전달하기 때문이다. 우리가 하는 그리고 하지 않는 '모든 행동'이 메시지를 전달한다. 그러나 우리의 대화 문화에서는 소통을 '어휘'로만 한정하는 경우가 너무나 많다. 그래서 경청자의 역할을 전혀 인식하지 못한다.

이러한 관점을 바꾸려면 먼저 다른 사람을 평가하는 우리의 기준을 다시 생각해야 한다.

우리는 '말을 똑똑하게 잘한다' 또는 '말을 멍청하게 한다'는 표현을 흔히 사용하지만, '말을 똑똑하게 잘 듣는다'는 표현은 하지 않는다.

어린아이부터 성인에 이르기까지 우리는 다른 사람을 평가하거나 판단할 때 외모와 매력, 직업과 연봉, 나이와 성별과 같은 요인 외에도 그 사람이 하는 말을 보고 그 사람에 대한 평가를 내린다. 십 대들은 누가 가장 멋진 게시물을 포스팅하느냐에 따라 사회적인 서열을 정하기도 한다. 어떤 경영진들은 놀라울 정도로 뛰어난 언변 능력을 지니고 있으면서도, 놀라울 정도로 전문 지식이나 리더십 역량을 갖추지 못하기도 한다.

"그 사람 옆에 있으면 그가 얼마나 전문성을 잘 갖추고 있는지 곧바로 알 수 있어.", "그녀는 이 사안에 대해 정확히 알고 있고, 이해가 잘 되게끔 설명을 잘해.", "그는 나에게 항상 동기를 부여해주는 사람이야." 당신은 이러한 칭찬의 말을 분명히 자주 들어봤을 것이다. 하지만 "그는 놀라울 정도로 다른 사람의 말을 잘 들어줘.",

"그녀는 내가 말한 내용을 전부 흡수한 듯이 잘 알고 있어."와 같은 칭찬은 많이 들어보지 못했을 것이다. 이렇듯 우리 사회, 특히 직장과 같은 환경에서는 경청에 대해 칭찬하는 일이 드물다. 세상에는 말하는 사람보다는 듣는 사람이 훨씬 많은데도 말이다. 말을 하는 것만으로는 새로운 것을 배울 수 없다. 다른 사람의 말에 귀를 기울여야 비로소 새로운 세계가 열린다.

우리가 하는 말은 우리의 사회적 지위에 영향을 미친다. 침묵을 위해서는 실제로 노력과 용기가 필요하다. 물론 침묵 때문에 긍정적인 인정을 받지 못할 위험도 존재하기는 한다. 하지만 우리 모두가 말하기만을 원한다면 말을 들어줄 사람은 누구일까?

향후 대화에서 상대방의 말에 끼어들고 싶은 '유혹'의 순간이 온다면 상대방뿐만 아니라 당신 자신을 위해서라도 적극적인 경청의 가치를 명심하길 바란다. 적극적인 경청은 존중과 관심을 보여줄 뿐만 아니라, 말의 뉘앙스를 더 잘 감지하고 감정과 욕구를 인식하여 오해를 방지하고 상대방과의 관계를 개선시킬 수 있다.

대화에도 때론 휴식이 필요하다

글로벌 네트워크와 소셜 미디어가 발달한 오늘날 디지털 시대만큼 역사상 이토록 사람들의 소통이 활발했던 적은 없었다. 모두가 매순간 메시지를 보내고 있고, 때로는 모두가 그 내용을 듣고 있는 것처럼 보인다. 하지만 정작 알고 보면 그 메시지를 귀 기울여 듣는 사람은 아무도 없다. 우리가 모두 메시지를 보내는 사람이라면 받는 사람은 대체 누구일까?

> **우리는 얼마나 많은 메시지를 받을까?**
>
> 하루 동안 '고요한' 시간을 얼마나 많이 경험하는지 관찰해보라. 또는 반대로 깨어 있을 때 얼마나 많은 시간 동안 다른 사람이 당신에게 말을 건네는지 관찰해보라(실제 말이든 메시지와 같은 형태든). 자녀나 이웃, 동료, 배우자부터 라디오와 TV, 팟캐스트, 그리고 차에서 내릴 때 휴대전화를 잊지 말고 가지고 내리라고 알려주는 AI 음성비서도 있다.

사실 우리는 하루 종일 끊임없이 온갖 메시지를 받는다. 스마트폰과 같은 기기를 통해 항상 '연결된' 상태를 만들어 스스로 이러한 현상을 부추긴 측면도 있다. 한쪽 귀에 이어폰을 끼고 팟캐스트를 들으면서 다른 쪽 귀로는 이웃과 대화를 나눠본 적이 있는가? 그때 두 가지 정보, 이를테면 대사 증후군에 관한 설명과 이웃집 할머니에 대한 소문을 모두 처리할 수 있었는가? 아니면 두 정보 중 하나만 처리할 수 있었는가? 이럴 때면 차라리 AI 음성비서가 '휴대전화를 차에 두고 내리세요'라고 쓸데없는 안내를 해주는 편이 훨씬 더 의미가 있지 않을까 싶다. 우리가 매일 엄청난 양의 소통을 하는 상황을 생각해볼 때, 우리 뇌가 그만하자고 비명을 지르지 않는 것이 놀랍다.

이제 침묵은 희소하고 귀중한 자원이 되었다. 한 가지 좋은 소식은 우리가 침묵을 원하고 필요로 할 때 그냥 침묵을 취하면 된다는 것이다. 침묵은 비용도 들지 않고, 아무도 막을 수 없다. 그리고 이것은 현대인, 즉 디지털 네이티브Digital Natives 세대뿐 아니라 일찍 태어난 불운을 겪은 반¥ 디지털 세대 모두에게 새로운 경험으로 가는 관문이다. 우리는 침묵을 견딜 수 있다. 정보 과부하의 급류에서 일단 벗어나면, 더 이상 물살에 휩쓸리지 않는다는 사실을 깨닫고 놀라게 될 것이다. 그리고 그 효과는 즉각적으로 나타난다.

물론 소통의 물살에서 완전히 그리고 영원히 벗어나서는 안 될 것이다. 어쨌든 우리는 살아가면서 정보를 계속 필요로 하니까. 하지만 정보의 흐름이 잠깐 중단되는 것만으로도 효과가 있다. 즉 우리 뇌는 들은 내용을 처리할 기회를 얻는다.

이러한 관점에서 볼 때 같은 주제에 대해서 강의를 듣기보다 책에서 지식을 얻는 편이 더 효과적이다. 책은 언제나 자신이 원하는 속도로 읽을 수 있기 때문이다. 잠시 멈추고 생각하고, 몇 초 동안 생각에 잠겼다가 다시 책 내용으로 돌아와서 읽기 여정을 계속할 수 있다. 우리가 정보를 받아들이고 처리하는 행동, 새로운 정보를 받아들이고 다시 처리하는 행동, 이전에 습득한 내용과 비교하는 행동, 이는 자연스러운 움직임이다. 받아들이고 처리하고 받아들이고 처리하고.

받아들이고 처리하는 이와 같은 움직임은 우리가 하는 대화에서도 일어난다. 하지만 속도가 얼마나 빠른지, 그 속도를 누가 결정하는지에 따라 상황이 달라진다. 예를 들어 잠깐의 멈춤도 없이 빠르게 말하는 경우라면 아무도 그 내용을 처리할 시간을 갖지 못할 것이다. 이러한 상황에서는 잠시 멈추고 '아무 말도 하지 않는' 적극적인 침묵을 선택함으로써 역동성을 끊는 습관을 들이는 것이 좋다. 우리가 앞에서 정보 처리를 물결에 비유했으므로, 또다시 물의 비유를 사용하여 대화를 잠깐 멈춤으로써 생겨나는 효과를 설명하고자 한다.

바다에서 수영할 때 마주치게 되는 가장 큰 위험 중 하나는 물살에 휩쓸리는 것이다. 수영을 하는 많은 사람이 온 힘을 다해 물살에 맞서다가 결국 익사한다. 반면에 경험 많은 서퍼들은 물살을 따라 바깥으로 나와 해안과 평행하게 노를 저어서 일단 물살이 센 구간에서 벗어난 뒤 해변 쪽으로 돌아가 목숨을 지켜낸다.

내 말을 오해하지는 말기 바란다. 일상적인 소통에서 항상 흐름을 따르고 모든 목소리에 동의하자는 말이 아니다. 다만 대화의 '역동성'을 받아들이자는 것이다. 우리가 일상에서 침묵과 사색의 시간을 가지며 휴식을 취하는 것처럼, 대화에서도 그렇게 할 수 있다. 한 사람이 말을 멈추자마자 다른 사람이 곧바로 말을 할 필요가 있는가? 정말로 그럴 만한 합리적인 이유는 존재하지 않는다.

감정의 덫에서
빠져나와야 할 때

　이쯤에서 소통은 감정에 영향을 미친다는 제1장의 내용을 다시 떠올려보자. 어떤 정보가 우리의 '관련성 필터'를 통과하는 메시지가 되려면 어떤 식으로든 우리의 감정에 와닿아야 한다. 일단 마음이 움직이면 우리는 슬프거나 희망적이거나 분노하거나 기쁘거나 등 어떻게든 반응한다. 그러나 이러한 반응은 즉각적이고 통제하기 어려운 탓에 종종 소통에 도움이 되지 않는 쪽으로 이어지기도 한다. 또한 뇌에서 감정을 처리하는 속도가 인지 처리 속도보다 빠르기 때문에 우리가 무언가를 생각하기 시작할 때면 이미 감정의 나무는 활활 불타오르고 있다. 그러면 우리의 생각은 대부분 감정 상태를 합리화하느라 급급해지게 된다.

감정은 우리 삶에서 가장 영향력이 강한 힘이다. 그런 까닭에 '그렇게 감정적으로 굴지 마!' 같은 조언은 마치 두 다리로 서지 말라는 말과 같다. 건강상의 문제가 없는 한, 사람은 누구나 두 다리로 선다. 마찬가지로 정신적으로 건강한 사람은 감정적이다. 둘 다 완전히 정상이다.

우리는 우리 자신의 감정을 통제할 수 없다. 하지만 감정 개입에 대한 '반응'을 조절하는 것은 노력으로 가능하다.

여기 어렸을 때 부모로부터 버림받았다고 느끼는 한 여자가 있다. 그녀는 지금도 깊은 정서적 유대감을 형성하는 데 매우 큰 어려움을 겪고 있다. 철두철미한 성격 덕에 그녀는 성공적인 삶을 살고 있으며, 직업적으로도 많은 성취를 이루었다. 그러나 다른 사람이 그녀에게 다가오면 그녀는 자신이 통제력을 잃을까 봐 매우 큰 두려움을 느꼈다.

그러던 그녀에게 페터라는 한 남자가 나타났다. 오랫동안 알고 지냈던 두 사람은 어느 순간 동료 이상의 관계로 발전했고 그렇게 연인이 되었다. 그녀는 페터 옆에 있으면 안전하고 행복하다고 느꼈다. 그러던 어느 날, 페터가 무심코 던진 한마디가 혼자 남겨지는 것에 대해 그녀가 가지고 있던 오랜 두려움을 일깨웠다. 그녀는 마치 목숨을 걸고 싸우듯이 공격적으로 반응했다.

그리고 이러한 패턴은 시간이 지날수록 굳어졌다. 약간의 의견 차이도 위기로 이어졌고 모든 위기는 곧바로 전쟁 같은 싸움으로 번졌다. 전쟁 같은 싸움은 감정으로 얼룩진 다리와 풍경을 불태우는 상황으로 이어졌다. 결국 두 사람의 관계는 파국을 맞이했다.

이처럼 사람은 거의 누구나 좋지 않은 행동 패턴을 만들며 살아간다. 어떤 사람은 부정적인 경험으로 뇌에 심각한 영향을 받기도 하고, 개인에 따라서는 그런 경험이 병적 증상으로 나타나기도 한다. 자극에 대한 반응으로는 난폭 운전부터 SNS 댓글에서의 언어적 공격, 물리적인 폭력에 이르기까지 매우 다양하다.

우리 뇌는 다른 모든 정보보다 감정적 메시지, 특히 위험 메시지를 우선으로 처리한다. 이같이 빠르게 반응하는 원리가 자신을 보호하기 위한 방어기제라는 점을 이해해야 한다. 우리가 일단 '위협'이라고 저장해놓은 패턴을 마주치면 우리는 이성적으로 생각하기도 전에 즉시 행동부터 하게 된다.

주의력에 관한 연구에서는 한 번에 하나의 자극에만 반응하고 다른 모든 것에는 반응을 보이지 않는 기간을 '불응기'refractory period 라고 부른다. 나는 이를 훨씬 더 쉬운 표현으로 '망할 놈의 영역'이라고 부르겠다. 불응기는 감정이 촉발되고 우리 뇌가 촉발된 정보를 '이성적으로' 처리할 기회를 미처 갖지 못한 시간이다. 모든 사람의 인생에 어려운 시기가 있다면 바로 이 시기다! 안타깝게도 우리는 이러한 시기를 반복해서 경험한다. 심지어 하루에 한 번 이상 경험하기도 한다.

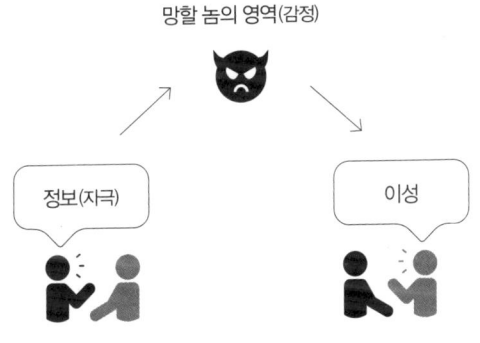

우리는 이성의 안전지대에 들어가기 전에 자제력을 잃게 되는 위험 지대를 극복해야 한다. 이는 정도의 차이일 뿐 우리 모두에게 해당되는 얘기다. 여기서 핵심적인 개념은 '각인'인데, 과거의 경험이 어떻게 각인되었느냐에 따라 우리가 모든 자극에 으르렁거리며 자신을 방어하는지, 아니면 침착하게 반응하는지가 결정되기 때문이다. 어느 쪽이든 우리는 이 망할 놈의 영역에서 전혀 반응하지 않고 이성을 다시 차릴 때까지 잠시 멈추는 것이 좋다. 그렇다면 어떻게 해야 멈출 수 있을까?

반응 패턴 파악하기

감정에 대처하는 방법은 사람마다 매우 다른데, 그럴 수밖에 없는 것이 개인의 학습 경험에 따른 결과이기 때문이다. 따라서 감정의 덫에서 벗어나는 첫 번째 단계는 '나는 실제로 내 감정에 어떻게 반응하는가'를 분명히 파악하는 것이다.

자신의 모습을 관찰해보라. 어떤 패턴이 눈에 띄는가? 화가 나면 즉시 큰소리를 내는가? 감각적인 경험(술이나 흡연, 스포츠, 성관계 등)을 통해 강렬한 감정에서 벗어나려고 하는가? 배우자나 친한 친구와 함께 이야기해보라. 그들은 대부분 당신이 어떤 감정을 어떻게 다루는지 상당히 잘 알고 있다. '다시는 그렇게 이성을 잃지 마!'라는 말을 자주 듣는다면 그 말을 주의 깊게 듣는 것이 좋다. 이 말은 상처가 될 수 있지만 그만큼 귀중한 조언이다.

감정을 다루는 자신의 패턴을 파악해야 비로소 다른 패턴으로 바꾸는 것이 가능해진다(이에 대해서는 잠시 후에 자세히 설명하고자 한다). 이를 위해 필요하다면 다른 사람의 도움을 받는 것이 유익할 수 있다. 친한 친구나 코치, 멘토, 경우에 따라서는 심리치료사도 중요한 동반자가 될 수 있다.

날뛰는 감정에
반응하지 않는 연습

 우리가 '망할 놈의 영역'에서 경험하는 감정의 개입은 충동적인 반응을 이성적인 행동으로 전환시키기 매우 어렵게 만든다. '어떻게' 반응해야 할지 올바른 결정을 내릴 수 없다면, 가장 확실한 방법은 '아예 반응하지 않는 것'이다.
 화가 났을 때 우리는 맨 정신이었다면 절대 하지 않을, 후회할 말과 행동들을 하곤 한다. 흥분이 서서히 가라앉고 나서 '내가 정말 바보 멍청이 같은 짓을 했구나'라고 깨닫는 그 끔찍한 순간을 우리 모두 경험해본 적 있지 않은가?

나는 언젠가 운전을 하다가 화가 머리끝까지 나서 헐크라도 된 것마냥 경적을 울리고 욕설을 퍼부으며 가운뎃손가락을 치켜 올렸던 적이 있다. 그 모습에 아내는 나를 프랑켄슈타인 바라보듯 바라봤으며, 아기였던 둘째는 울고불고 난리가 났고, 십 대인 첫째는 세모눈을 하고선 나를 쳐다보고 있었다. 나는 스스로 용서받을 수 없는 상황을 자초했고, 이제 사랑하는 가족들이 나를 용서하거나 아니면 그때의 상황을 잊어버리기를 간절히 바라고 있다. 둘 다라면 가장 좋겠다! 그리고 내 욕을 들은 사람이 나처럼 통제할 수 없을 정도로 반응하지 않았기를 바란다. 만약 그랬다면 완전히 걷잡을 수 없는 상황으로 흘러갔을 테니 말이다. 그때 나도 심호흡을 몇 번만 했다면 감정이 식으면서 제정신을 차릴 수 있었을 것이다.

즉각적인 반응은 너무나도 자주 소통을 방해한다.

흥미로운 사실은 경영진의 위치에 있는 사람들일수록 부정적인 감정을 거침없이 그대로 표출하는 경향이 크다는 점이다. 언뜻 보기에는 이렇게 하는 것이 대단한 성공 비결이라거나 카리스마가 있는 것처럼 보인다. 그들은 '순한 개한테는 뼈를 하나 주고, 사나운 개한테는 (물리지 않으려고) 뼈를 두 개 준다'는 생각을 가지고 있는 듯하다. 하지만 사실은 그렇지 않다. 어떤 사람에 대해 이야기할 때 '그는 정말 괜찮은 사람이야. 단, 그의 심기를 건들지만 않으면 말이야'라고 말한 적이 있는가? 참 이상한 기준이다.

독선적인 분노에 휩싸인 대부가 제멋대로 행동하는 라이벌을 죽이기 위해 갱단을 보내는 것은 영화에서만 재미있을 수 있다. 이것이 일상 행동의 모델이 되어서는 안 된다. 그러나 더욱 걱정스러운 점은 우리가 점점 더 화를 버럭 내는 문화 속에 살고 있다는 사실이다. 오늘날의 소통은 그 망할 놈의 구역에서 억제되지 않은 반응이 일어나는 게 일상이 되어가고, 분노한 시민이 정상적으로 보이는 지경에 이르렀다.

2024년 온라인 설문조사에 참여한 응답자의 3분의 1 이상이 '항상 화가 나 있는 상태'라고 답했다. 그들은 무엇에 화가 난 것일까? 자신의 안전지대 밖에 있는 거의 모든 것에 대해서다. 더 놀라운 사실은 응답자들이 이러한 생각을 밝히는 데 전혀 부끄러워하지 않았다는 것이다. 이것이 온라인 설문조사에서 나온 결과라는 점은 결코 우연이 아니다. 그도 그럴 것이 오늘날 소셜 미디어는 즉각적이고 감정적으로 반응할 수 있는 완벽한 무대일 뿐 아니라 끊임없이 감정을 자극하는 것 자체가 소셜 미디어의 핵심 사업이 됐기 때문이다. 아무런 처벌도 받지 않고 개인적으로 분노를 표출할 수 있는 기회는 과거 음란물을 통해 인터넷이 발전을 이룬 것처럼 소셜 미디어의 발전을 촉진하는 촉매제가 되었다. 우리는 그렇게 오늘날 여과되지 않고 감정으로 가득 찬 헛소리와 공개적인 혐오 및 위협이 가득 찬 세계에 살고 있다.

요즘 SNS 댓글 토론에서 내면의 풍요로움을 느끼기란 거의 불가능하다. 이러한 댓글 토론의 역할은 기껏해야 충동적이고 비성찰적인 반응이 우리 삶에 얼마나 해악을 끼치는지에 대해 경각심을 일깨워주는 것뿐이다.

행동하지 않아야 바꿀 수 있다

앞의 내용을 통해 우리는 인간관계를 위태롭게 만드는 감정적 반응 패턴은 스스로 만들어내는 것이라는 사실을 배웠다(221~222쪽 참조). 이러한 감정적 반응 패턴은 학습된 행동으로, 새로운 행동으로 대체가 가능하다. 재학습을 위해서는 인내와 헌신, 자기 자신에 대한 애정 어린 관심이 필요하다. 그래야 이러한 노력의 결과, 즉 '나는 원래 그런 사람이야'라는 잘못된 믿음으로부터 벗어날 수 있다. 자신이 어떤 사람이 되고 싶은지는 오직 스스로 결정할 수 있다.

하나의 반응 패턴을 새로운 행동으로 바꾸기 위한 첫 번째 단계는 이미 언급했듯이, 아무것도 하지 않는 것이다. 우리가 아무리 흥분하고 감정이 치밀어 올라도 그 순간에 아무것도 하지 않는다면, 즉 아무 반응도 하지 않는다면, 우리는 스스로 감정적인 망할 놈의

충동적인 반응 대신 신중하게 행동하기

팀 회의를 비롯하여 여러 대화 참여자가 있는 상황, 격한 분위기가 예상되지 않는 상황에서는 '나는 그 무엇에도 즉각적으로 반응하지 않겠다'는 마음가짐을 갖도록 한다(다행스럽게도 우리가 매일 경험하는 모든 일이 강한 감정을 유발하지는 않는다. 약한 상대, 즉 망할 놈의 구역에서 쉽게 빠져나올 수 있는 작은 충동을 극복하는 것부터 시작해보라).

대화 상대에게 미소를 지으며 처음에는 그냥 그의 말에 귀를 기울여라. 그러다가 아무도 말을 하지 않는 상황이 오더라도 말을 하지 말라. 대부분의 사람은 대화에 공백이 생기면 얼른 그 안에 뛰어들어 스스로 무언가를 말할 기회를 잡으려 든다. 당신은 그러지 말기 바란다.

만약 무언가에 대꾸하고 싶다면 그 충동을 받아들이되, '동기부여' 연습의 세 가지 핵심 질문을 마음속으로 점검해보라(193~194쪽 참조). 숨을 깊게 들이쉬고 내쉰다. 미소를 짓는다. 그런 다음 말을 시작한다.

반응하지 않는 것이 쉬운 상황에서 점점 더 어려운 상황으로 자신을 단계별로 노출시켜라. 그러다 보면 아무 반응도 하지 않는 것이 당신에게 안정감을 준다는 사실을 깨닫게 될 것이다! 사람들은 신중함을 기하는 당신을 바라보며 당신의 반응을 기다릴 것이다. 다른 사람들이 기다리더라도 충분히 시간

을 갖고 망할 놈의 구역 너머에서 이성적으로 당신의 반응을 준비하라. 그러면 당신의 대답은 사람들이 기다릴 만한 가치를 지니게 된다.

영역에서 벗어나 이성의 영향권으로 돌아갈 기회를 얻는다.

  이러한 새로운 반응 패턴이 굳어지려면 많은 반복 훈련이 필요하다. 하지만 단언컨대 그 노력은 풍성한 결실을 맺을 것이고, 당신의 인내심은 보상받을 것이다. 소통만큼 아무것도 하지 않아도 풍성한 보상을 받을 수 있는 삶의 영역은 거의 없다.

용기 내어
침묵하자

　우리는 어떤 상황(특히 어려운 상황)을 볼 때 그 상황 하나에만 한정시켜 바라보는 경향이 있으며, 인간관계에서 일어나는 모든 사건이 사실은 평생에 걸친 사건들의 한 부분이라는 사실을 쉽게 간과한다. 또한 의사소통의 자극을 주고 감정적 충동을 유발하는 상대방 역시도 자기 삶의 사건과 경험을 대화 속으로 함께 가져온다는 사실을 무시한다.
　충동적으로 반응하면 적어도 두 사람, 즉 상대방과 우리 자신의 삶이 영향을 받는다는 사실을 기억해야 한다. 우리는 지우개나 수정 테이프 없이 우리가 하는 모든 행동과 말로 이러한 인생 이야기를 계속 써 내려간다. 그렇게 오늘 우리가 한 말과 행동은 내일의 삶에 영향을 미친다.

나는 저널리스트와 뉴스 진행자로 일하면서 수천 번의 인터뷰를 진행했다. 또한 코치이자 상담가로서 수백 명에 달하는 사람들의 인터뷰 준비를 도와주었다. 그리고 이런 경험을 통해 대중에게 중요한 질문을 받는 사람이 가장 주의해야 할 점은 '즉각적으로 대답하지 않는 것'임을 깨달았다. 특히 질문자가 고의적으로 감정을 건드려 그 순간을 포착하려고 하는 도발적인 질문을 던졌다면 더욱 그렇다. 그래서 나는 인터뷰를 앞둔 모든 사람에게 이렇게 조언한다. 잠시 멈춰 서서 '내가 이 인터뷰를 준비할 때 어떤 생각을 했었는가?'를 떠올린 다음, 심호흡을 하고 말을 시작하라고 말이다.

바로 대답하지 않는다고 해서 머뭇거리거나 아무것도 모르는 사람처럼 보이면 어쩌나 걱정할 필요 전혀 없다. 인터뷰라는 스트레스 상황에서 3~4초는 우리에게는 마치 영원처럼 느껴진다. 하지만 대화 상대와 청취자 또는 시청자에게는 아주 짧은 시간이다. 그러므로 우리는 영원처럼 느껴지는 그 짧은 시간을 이용해 감정적으로 자극된 상태에서 나오는 말이 아니라, 우리가 정말로 하고 싶은 말을 해야 한다.

헬무트 슈미트 Helmut Schmidt 전 독일 총리는 이 전략을 아주 완벽하게 사용했다. 그는 먼저 질문자를 마치 약간 모자란 사람 보듯 쳐다본 후, 의심스러운 상황에서는 담배를 반 개비 피운 다음 아주 차분하게 말하기 시작했다. 이러한 그의 태도에 대해 자신감이 없어 보인다고 말한 사람은 아무도 없었다. 오히려 그 반대였다!

덧붙여서 말하자면 이것이 바로 '업보'Karma의 진정한 의미다. 오늘 우리가 하는 모든 행동과 말은 내일 우리가 살아야 하는 삶에 영향을 미친다. 그러므로 자신의 말로 무엇을 할 수 있을지 모른다면, 차라리 아무 말도 하지 않는 것이 현명하다. 그렇지 않으면 언젠가 "이 망할 놈의 업보!" 같은 말을 하게 될지도 모르니 말이다.

이번 장에서 한 문장을 기억해야 한다면 바로 다음 문장이다.

말 한마디가 부족하면 나중에 덧붙일 수 있지만, 말 한마디가 넘치면 나중에 그 말로 화를 입을 수 있다.

침묵하는 용기를 갖고 잠시 멈춰 서서 상대방의 말에 귀를 기울여라! 심사숙고 끝에 나온 대답은 그 어떤 충동적인 반응보다 더 효과적이고 더 정중하며, 오해를 불러일으키지 않는다.

제9장

'지금 여기에서' 함께 대화합시다

여덟 번째 말하기 도구 – 현재

사람들에게 뛰어난 소통가에 대해 묘사해보라고 하면 그들은 종종 다음과 같이 말한다. "그가 무대에서 이야기할 때면 마치 그 공간에 그 사람과 나 단둘만 있는 것처럼 느껴져요.", "그 사람이 완전히 내 옆에 있는 것 같아요!" 로널드 레이건이나 빌 클린턴, 버락 오바마가 정치적으로 큰 성공을 거둔 이유는 그들이 주요 행사에서 유권자들에게 깊은 개인적 유대감을 줄 수 있는 능력이 있었기 때문이기도 하다.

일상에서도 우리는 개인적으로 잘 알지 못하고 단둘이 이야기하지 않더라도 우리를 이해한다는 느낌을 주는, 나아가 우리를 매료시키는 사람들을 때때로 마주친다. 이런 사람들은 '나와 다수'의 상황을 '나와 너'의 소통으로 바꾸어놓는다. 이들은 다수를 상대로 말하면서도 청중 한 사람 한 사람과 유대감을 형성한다. 이를 통해 그들은 듣는 사람들에게 정서적으로 영향을 주고 자신의 메시지를 전달할 수 있는 좋은 기회를 갖는다.

레이건과 클린턴, 오바마는 단순히 뛰어난 소통 능력을 '타고난' 사람들일까? 물론 아니다. 그들은 감성지능적 소통의 또 다른 측면을 실천하는 데 능숙할 뿐이다. 즉 그들은 일대일 대화에서든 많은 청중 앞에서 연설을 하든 언제나 진정성 있는 유대감을 형성한다.

존재감과 집중시키는 능력, 대화 상대에게 믿음을 먼저 보여주는 이러한 태도는 진정한 유대감을 형성하고 성공적으로 소통할 가능성을 크게 높여준다. 이번 장에서는 다양한 소통 환경에서 어떻게 하면 이러한 태도를 가질 수 있는지 그리고 '과거와 미래에 대한 판단'에서 비롯된 소통이 아닌 어떻게 '지금 이 순간'의 소통을 할 수 있는지에 대해 살펴볼 것이다.

모든 소통은 두 사람 간의 대화다

우리는 종종 여러 사람이 동시에 참여하는 대화를 한다. 가족 안에서, 직장에서 하는 팀 회의에서, 교사가 학교에서 수업할 때 또는 많은 청중 앞에서 연설할 때 등등.

우리가 지금까지 배우고 경험한 모든 것을 고려해보면 대화 참여자가 세 명이든 3,000명이든 상관없이 '대중 커뮤니케이션'은 매우 복잡한 작업임에 틀림없다. 한 사람의 감정 상태를 읽는 것도 이미 너무 어려운 일인데, 서로 다른 인식과 경험, 감정, 욕구를 가진 각 개인이 모인 집단에서는 대체 어떻게 이를 달성할 수 있을까?

각 개인이 모여 다수가 되면 그들과의 관계는 어떻게 맺어야 할까? 어떻게 하면 서로 다른 눈높이를 동시에 유지할 수 있을까? 다음과 같은 가족회의 상황을 한번 생각해보자. 가부장적인 아버지와 모든 사안에 결정권을 가진 할머니 사이에 10살짜리 아이가 앉아 있다. 어떻게 하면 이 세 사람 모두에게 소통의 동기를 부여할 수 있을까?

당신이 절망하기 전에 좋은 소식이 하나 있다. 아무리 많은 사람이 소통에 참여하더라도 모든 소통은 결국 항상 인간의 기본적인 욕구로 연결된 '두 사람 간의 대화'라는 사실이다. 이 책에서 말하는 집단적인 감성지능적 소통은 당연히 인간 집단의 소통이다. 나는 구피나 고릴라와 대화하는 방법에 대한 지침은 줄 수 없다. 우리가 모두 서로 대화하는 인간이라면 한 가지는 확실해야 한다. 즉 감성지능적인 고귀한 대화를 나누는 사람들이 서로 인간임을 '신뢰'해야 한다는 것이다. 진부하게 들릴지 모르지만, 이 사실은 매우 중요하다.

우리 모두는 그 형태는 각각 다르지만 자율성과 유대감에 대한 기본적인 욕구를 가지고 있다. 우리는 모두 행복해지기를 원한다. 누구도 괴로워하거나 고통을 느끼기를 원하지 않는다.

다시 말해 우리는 대화할 때 '인간다움'을 느끼고 표출해도 괜찮다는 점을 믿을 수 있다.

우리가 인간으로서 모든 차이점에도 불구하고 이러한 근본적인 공통점을 가지고 있다는 점을 깨달아야 한다. 그런 깊은 깨달음이 있어야 여러 사람, 아니 아주 많은 사람 앞에서 공개적으로 말해야 할 때 마음을 진정시킬 수 있다.

나는 누구와 대화하고 있는가?

여러 사람과 동시에 이야기할 때 내가 지금 누구와 대화하고 있는지 생각해보자.

- 한 개인에 초점을 맞추지 않고 집단을 바라보고 있는가?
- 가장 많은 설명과 소통의 도움이 필요한 가장 어린 사람이나 가장 약한 사람을 바라보고 있는가?
- 아니면 대화 상황에서 가장 지배적인 사람의 눈에서 반응을 찾는가?
- 자신의 초점을 한 사람에서 다른 사람으로 바꾸면 어떤 느낌이 드는가? 이때 정말로 유대감이 생겨나는가?
- 아니면 자기 자신에게만 너무 몰두하느라 아무도 보이지 않는가?

듣는 사람과 유대감을 만들려면 의식적으로 그와 개인적인 접촉을 해야 한다. 그렇지 않으면 당신의 시선과 주의력이 여러 대상으로 옮겨 다니면서 지금 내가 누구와 대화하는지 모르게 되고, 사람들에게 무작위적이고 예측할 수 없는 정보를 전달하게 된다.

'나 대 다수'의 대화에서 '나와 너'의 대화로

일부 심리학자들은 무대 위에 선 연설자의 상황을 맹수에게 둘러싸인 초식동물의 상황에 비유한다. 연설자는 조명으로 눈이 부신 상태에서 낯선 청중의 시선과 평가를 한 몸에 받고 있다. 청중은 그의 말이 육즙 가득한 고기처럼 풍성하다고 생각할 수도 있고, 혹은 그 내용이 너무 빈약하다고 생각할 수도 있다. 아니면 단순히 연설자를 재미 삼아 괴롭히기 위해 불편한 질문을 던져 사냥하듯 그를 무너뜨리려 할 수도 있다.

이러한 상황이 무대에 오르는 사람에게 상당한 긴장감을 유발한다는 것은 말할 필요도 없다. 무대 공포증은 실제로 나타나는 현상으로, 가벼운 흥분에서 몸이 완전히 마비되는 공황에 이르기까지 그 정도가 천차만별이다. 사실 편도체의 관점에서 보면 이러한 상황에서 느끼는 두려움은 정상적인 반응이기도 하다. 연설자의 눈앞이 캄캄해지는 현상은 죽음을 앞둔 먹잇감이 느끼는 것과 다를 바 없기 때문이다.

연설자는 이러한 소통 상황을 처음에는 당연히 '나 대 다수'로 인식할 것이다. 단절된 벽처럼 보이는 청중 앞에서 자신의 말로 그들과 소통해야 하는 상황이니 당연하다. 이러한 상황이 그다지 고무적인 느낌은 아니기 때문에 연설자는 금세 방어적인 태도를 취하게 된다. 다행히도 이 상황에서 벗어날 수 있는 방법이 있다. 나는 연사 훈련을 할 때 강당에 있는 모든 청중이 벌거벗고 있다고 상상하라는 식의 방법은 권하지 않는다. 그보다는 청중 가운데 한 사람이 되어보라고 권한다. 그러면 어떤 기분이 들까?

이처럼 간단히 관점을 바꾸면 곧 분명해지는 사실이 있다. 즉 내가 여러 사람 중 한 명이 되어 어두운 강당에 앉아 있으면, 무대 위 사람과 단둘만 남겨진 것 같은 느낌이 든다. 오롯이 나의 경험, 나의 욕구, 나의 생각 그리고 연설자가 하는 말과 소통하게 되는 것이다. 나는 연설자가 하는 말 중에서 나와 관련이 있는 내용을 흡수한다. 이는 두 사람 사이의 대화 과정과 같다. 이렇게 간단한 관점 전환만으로도 맹수에게 둘러싸인 먹잇감이 되는 함정에서 벗어날 수 있다. 뇌를 마비시키는 '나 대 다수'의 시나리오를 그보다 훨씬 덜 위협적인 '나와 너'의 시나리오로 바꾸어 생각할 수 있기 때문이다.

우리는 앞서 제3장에서 이런 식으로 뇌를 속이는 연습을 해본 적이 있다(90쪽 참조). 그러니 또다시 해보지 못할 이유가 없다.

> **더 이상 먹잇감이 되지 마라!**
>
> 많은 청중 앞에서 말해야 하는 경우, 다수의 사람이 아닌 한 사람과만 이야기를 나눈다고 두뇌를 설득하라. 이를 위해 당신이 기꺼이 대화하고 싶어 하는 사람, 신뢰하는 사람, 당신에게 호의적인 사람을 떠올려보라. 그 대상은 당신의 배우자가 될 수도 있고, 당신의 반려견이 될 수도 있다. 당신이 '상상한' 그 대화 상대에게 미소를 지어보라.
> 이는 두 가지 효과를 가져온다. 하나는 당신을 따라 몇몇 청중도 당신에게 미소를 짓게 된다는 것이고 다른 하나는 뇌를 대화 모드로 전환하여 먹잇감의 상황에서 벗어나게 된다는 것이다.

'나와 너희들'의 상황을 '나와 너'의 상황으로 인식을 바꾸면 소통이 훨씬 더 쉬워질 뿐만 아니라 처음부터 감성지능적 소통이 가능해진다. 왜냐하면 여기서 말하는 감성지능이란 상대방의 정서적 욕구와 내 말이 지닌 정서적 영향력뿐만 아니라 나 자신의 감정 상태도 다루는 능력을 의미하기 때문이다.

상대는 바꿀 수 없지만 나의 태도는 바꿀 수 있다

유대감을 쌓기 위해서는 신뢰와 열린 마음, 상호 존중이 필요하다. 또한 적극적인 소통과 다른 사람과 대화하며 기꺼이 귀를 기울이려는 마음가짐이 필요하다. 당신은 다음 문장을 볼 때 어떤 느낌이 드는가?

- 자신에게 의구심을 가진 사람은 열린 마음을 기대할 수 없다.
- 자신의 의도를 숨긴 채 상대를 대화에 끌어들여 도구로 삼는 사람은 상대의 신뢰를 얻지 못한다.

- 생각이 다른 데 가 있는 사람은 자신의 대화 상대를 제대로 만날 수 없다.

위 내용은 모두 부정문으로 작성되어 있다. 이해는 되지만, 특별히 도움이 되지는 않는다. 그렇지 않은가? 그렇다면 다음과 같은 긍정적인 표현은 어떨까?

- 의심을 품지 않고 열린 마음을 가진 사람은 상대의 열린 마음을 경험할 수 있다.
- 자신의 대화 상대를 진정한 파트너로 여긴다면 그의 신뢰를 얻을 수 있다.
- 대화 상대에게 온전히 집중하는 사람은 유대감을 형성할 수 있다.
- 모든 감각을 동원하여 대화 상대를 의식적으로 인식하는 사람은 상대가 자신을 바라보며 자신의 이야기를 경청하는 기회를 얻을 수 있다.

훌륭한 깨달음이다! 그렇다면 어떻게 이런 태도와 마음가짐을 가질 수 있을까? 어떻게 하면 열린 마음을 갖고, 대화 상대를 진정한 파트너로 바라보고, 한 사람에게만 온전히 집중하고, 모든 감각으로 상대를 인식할 수 있을까? 열린 마음, 집중력, 파트너십, 애정은 결코 저절로 주어지지 않는다. 우리가 그것들을 느낄 수 있도록 의식적으로 우리의 소통 안으로 가져와야 한다.

제2장에서 등장했던 한 기업 경영진이 서로 이름을 부르는 수평적인 회사 문화를 단 한 문장으로 망쳐버린 사례를 기억하는가?(69쪽 참조) "내가 자네 친구라고 생각하나!" 이 문장은 직원과의 관계를 '나와 그들'이라는 관점에서만 생각하는 사람에게서나 나올 수 있는 말이다. 그에게 직원은 리더십을 뽐낼 대상일 뿐, 열린 마음과 파트너십, 애정으로 엮인 유대감을 느낄 수 있는 존재가 아니다. '나와 너'로 연결된 사람들은 그러한 말을 마음속으로도 하지 못할 것이다. 혹여 그러기로 마음먹더라도 절대 입 밖으로 꺼내지 못할 것이다. 부부 싸움을 할 때도 다른 말은 다 할지언정 '어떻게 내 이름을 부를 생각을 해? 내가 당신 친구야?' 같은 말은 상상할 수가 없다. 부부 관계는 너무나 친밀하고, 너무나 명백하게 '나와 너'의 관계이기 때문이다.

이쯤 되면 겉으로 보이는 우리의 '행동'이 내적 '태도'의 다른 표현이라는 점을 분명히 알게 되었을 것이다. 언어적 유대감은 결코 우연으로 생기지 않는다.

슈테판은 아내가 전남편 사이에서 낳은 열 살짜리 아들과 유대감을 형성하는 데 어려움을 겪고 있다. 시끄럽고 거칠게 행동하는 아이 때문에 스테판은 금세 신경이 곤두선다. 슈테판은 마음속으로 아이를 주의력결핍 과잉행동장애ADHD로 진단하고 아내가 약으로 아이를 진정시키기를 바랄 수도 있다. 하지만 그는 아이에 대한 자신의 태도와 어른으로서 자신의 역할을 다시 생각한다. 슈테판은 아이의 넘치는 에너지를 세상에 대한 넘치는 호기심으로 관점을 바꿔 생각하기로 결심한다. 이제 그는 아이와 소통하고 아이가 세상을 발견하도록 돕는 것이 더 쉬워졌다.

더 나은 소통을 위해 자신의 감정 자체를 바꿀 수는 없어도 감정에 대한 자신의 반응 패턴은 변화시킬 수 있다. 마찬가지로 관계를 개선하기 위해 상대를 바꾸려고 해서는 안 된다. 그렇게 하면 소통이 잘되지 않을 뿐만 아니라, 최악의 경우 관계를 더 위태롭게 만들 수도 있다. 그보다는 바꿀 수 있는 부분, 즉 상대에 대한 자신의 태도에 집중하는 것이 좋다.

내가 소통의 '역주행자'가 아닌지 확인하는 법

우리는 자신의 태도를 자기 '성격'의 일부로 당연하게 여기는 경향이 있다. 이를테면 '나는 그것을 감당하지 못해', '나는 그걸 잘못 해', '내가 존중받으려면 내 뜻을 밀어붙여야 해' 등의 태도를 자신의 성격으로 받아들인다. 이 같은 여러 부정적 신념들은 우리의 태도를 고착시키고, 자신의 태도 때문에 발생하는 손해를 정당화한다. 아무리 비틀어지고 뒤틀리고 엉망진창으로 살아간다 해도, 항상 '그게 원래 내 모습이야'라고 말한다.

이러한 식으로 인생을 살아가게 되면 마치 수백 대의 차량이 자신을 향해 달려오는데도 자기 혼자 잘못된 방향으로 가고 있다는 사실을 깨닫지 못한다. 오히려 '저 운전자들 전부 잘못된 길로 가고 있네?'라고 생각한다. 주변 사람들과의 소통이 반복적으로 실패하거나, 불만족스럽거나, 심지어 갈등이 고조되어 피해가 발생하고 나서야 이것이 자신의 태도 때문에 비롯됐다는 추측을 하게 된다. 어쩌면 다른 사람이 아니라 내가 '소통의 역주행자'일지도 모른다. 이러한 일은 언제든 또 누구에게든 일어날 수 있다. 그러므로 우리는 모든 새로운 소통 상황에서 자신의 태도를 진실성과 유용성 측면에서 검토해봐야한다.

    자신의 태도가 유익하지 않다는 것을 깨달았다면 새로운 태도로 자신을 바꿔나가야 한다. 소통을 위한 새로운 태도는 돈으로 살 수 없다. 새로운 태도는 오직 꾸준한 노력을 통해서만 얻을 수 있다. 요가나 무술, 체조처럼 내면의 자세도 끊임없이 반복해야 습관으로 굳어진다.

나의 태도 점검하기

자신의 태도를 정기적으로 점검해보라. 이를 위해 몇 가지 좋은 질문들을 소개한다.

- 어떻게 하면 우리의 삶을(즉 내가 너의 삶을, 네가 나의 삶을) 조금 더 나아지게 만들 수 있는가?
- 나와 너의 만남을 긍정적인 경험으로 바꾸려면 어떻게 해야 할까?
- 이 만남에서 서로 윈윈할 수 있는 상황은 어디에 있는가?
- 나는 실제로 무엇을 위해 싸우고 있는가?
- 나는 그것을 위해 싸워야 하는가 아니면 다른 방법이 있는가?
- 이 갈등이 나에게 정말 중요한 문제인가?

이 질문들은 거의 모든 만남이 긍정적인 잠재력을 가지고 있다는 사실을 이미 전제하고 있는 건설적인 질문이다. 즉 모든 만남은 상황과 관계를 개선시킬 수 있다. 당신이 이러한 질문으로 자신의 태도를 반복적으로 점검하면 다음의 두 가지를 내면화할 수 있을 것이다.

- 거의 모든 만남에는 긍정적인 잠재력이 있다.
- 나는 감성지능적 소통을 사용하여 이러한 잠재력을 증진시킬 수 있다.

> **오늘의 나는
> 어제의 나와 다르다**

    그런데 만약 어떤 사람에게 처음부터 부정적인 감정을 가지고 있다면 어떻게 그 관계를 개선시킬 수 있을까?
    우리는 모두 상황의 배경과 상대와의 관계에 비추어 타인과의 만남을 판단하도록 훈련받았다. 그래서 이미 어떤 사람과 부정적인 경험을 한 적이 있다면, 그 만남은 조심스럽고 우리를 주저하게 만든다. 심할 경우 공격적인 행동으로까지 이어지기도 한다. 그 사람과 관련된 어떤 사소한 것도 부정적인 경험을 떠올리게 할 수 있다. 예를 들어 누군가를 보고 '저 사람은 내 전처와 바람났던 놈이

랑 똑같은 손목시계를 차고 있어!'라는 생각이 들었다고 해보자. 그 순간 과거의 경험 때와 똑같은 감정이 우리 마음속에서 촉발된다. 그 결과 우리에게 부정적인 경험(아내가 떠난 일이 부정적인 경험이라는 전제하에)을 떠올리게 하는 것 말고는 아무런 잘못도 없는 사람에게 마음의 문을 닫게 된다. 그리고 이러한 일은 우리의 일상에서 아주 흔하게 일어난다.

자비네는 아침에 자신이 간절히 바라던 새로운 직장에 합격했다는 이메일을 받았다. 새로운 직장은 그녀에게 더 많은 책임을 요구하지만 그만큼 연봉도 더 높다. 그녀는 구름 위를 걷는 기분이 들었다. 물론 그녀의 동료들은(곧 이전 동료가 되겠지만) 아무도 이 사실을 몰랐다. 그런데 하필이면 그때 인사과의 이상한 남자 직원이 그녀를 찾아왔다. 그는 늘 규정을 철저히 지키라고 빡빡하게 구는 데다 입 냄새까지 고약한 남자였다. 그는 별것 아닌 문제에 대해 자비네와 함께 급히 논의하고 싶어 한다. 하지만 그녀는 전혀 관심이 없다! 이제 그녀는 더 이상 여기에서 일하지 않을 테니까.

이 만남이 두 사람 모두에게 윈윈 상황이 될 가능성은 극히 낮다! 자비네 입장에서는 자신의 태도를 바꿀 동기를 찾아야 하지만 그럴 가능성은 높지 않다. 그 인사과 직원이 자비네가 새 직장을 구해서 그의 요청을 별로 중요하게 여기지 않는다는 사실을 모르고 있다는 점을 기억해야 한다. 그녀는 마음속으로 이미 이 회사를 그만두었기 때문에 협력보다는 갈등을 택하고 싶을 것이다.

여기서 감성지능적 소통을 불가능하게 만드는 또 다른 요인이 있다. 바로 자비네가 그 남자 직원에 대해 내린 '판단'이다. 자비네는 그가 옹졸한데다가 융통성이 없고 입 냄새까지 지독한 사람이라고 생각한다.

우리는 이렇게 다른 사람에 대해 (종종 성급한) 판단을 내리는 경향이 있다. 우리가 우리 자신에 대해 '나는 원래 그래'라고 생각하듯이, 다른 사람들에 대해서도 '저 사람은 원래 저래'라고 말하곤 한다.

이러한 판단을 그 자체로 나쁘다고 볼 수는 없다. 타인의 행동과 말을 분별하는 능력은 우리를 위험으로부터 보호하는 방어 메커니즘으로서 중요한 기능을 하기 때문이다. 이 능력은 단순한 학습의 결과다. 이를테면 '너는 예전에 나를 안 좋게 대한 적이 있어. 그러니 나한테 또 그렇게 할 가능성이 있어'라는 식이다. 주변 사람들을 판단하고 분류하려는 경향이 강한 사람들은 자신의 인식 세계에서 자기만의 놀라운 질서를 만들어낸다. 이렇게 하면 기분이 좋아지며, 대부분의 사람은 이를 긍정적으로 생각한다.

그러나 음과 양이 서로 맞물려 있듯이, 이 메커니즘에도 어두운 측면이 있다. 말하자면 성격의 덫이 양방향으로 작동할 때 문제가 발생한다. 우리가 타인을 자기 고정관념에 따라 판단하면, 그 판단으로 그들을 더 이상 이해하려 하지 않게 되고, 그러한 태도는 결국 자기 자신에게까지 부정적인 영향을 미치게 된다. 우리는 '저 거짓말쟁이'가 말하는 시간조차 믿지 않을 것이다. 심지어 그 시간이 정확하다는 것을 두 눈으로 직접 확인할 수 있다고 하더라도 말이다.

우리는 지독하게 좀스러운 사람이 어떤 중요한 세부 사항에 대해 정당한 우려를 제기할 수 있다는 생각을 전혀 하지 못한다. 왜냐하면 이 사람이 옹졸한 행동으로 우리를 짜증 나게 할 거라는 생각에만 사로잡혀 있기 때문이다. 어떤 사람에 대해 일단 '판단'을 내리면, 그 사람이 하는 모든 말과 행동은 '우리가 내린 판단을 확인시켜주는 방식'으로 이해되기 마련이다.

그리고 이러한 메커니즘은 학교에서 아이들을 평가할 때 가장 분명하게 드러난다. 여러 연구에 따르면, 성적이 A인 학생과 D인 학생이 동일한 시험 답안을 작성하더라도 A 학생이 훨씬 더 좋은 평가를 받는다고 한다. 마찬가지로 이주민인 아이들도 다르게 평가되고, 여학생과 남학생도 다르게 평가된다. 학생들을 A와 D로 분류하는 것은 자기충족적인 예언으로 작용할 가능성이 상당히 높다. 학생들이 일단 성적으로 평가를 받으면, 그 성적 수준이 앞으로도 계속해서 지속될 것이라는 생각을 심어주기 때문이다.

그러나 우리는 끊임없이 변화하는 세상에 살고 있다. 그 어떤 것도, 그 누구도 '그런' 존재는 없다.

우리의 판단력은 과거의 경험을 미래에 투영시킨다. 이는 때때로 유익하기도 하지만 항상 그렇지는 않다. 과거의 경험은 미래를 결정짓지 않는다. 성적이 D인 학생이 언제나 D를 받지는 않는다. 어제는 D를 받았지만, 오늘은 A를 받을 수도 있다. 과거에 대해서 중요하게 생각해야 할 부분은 그가 더 나은 점수를 받지 못한 이유가 무엇인가 하는 점이다. 여기에는 여러 가지 이유가 있을 수 있다. 가정 환경에 어려움이 있을 수도 있고, 괴롭힘을 당했거나 첫사랑에 실패했을 수도 있다. 또는 담임 선생님이 그와 연락이 닿지 않았을 수도 있다. 현재에서 중요한 것은 학생 자신과 그를 도울 수 있는 모든 사람이 이러한 상황을 개선하기 위해 무엇을 할 수 있는가다.

우리는 자기충족적 예언의 악순환에 빠지기보다는 우리의 보호

메커니즘을 사용하여 주의 깊은 검토를 통해 상황을 개선시킬 수 있다. 어제 그랬다고 해서 내일도 그럴 필요는 없다. 우리는 고정관념에서 벗어나 자신의 가정과 판단 기준을 되돌아봄으로써 교착 상태에 빠진 소통을 다시 시작할 수 있다.

왜 우리는 '지금 여기'의 대화를 하지 못할까?

현재까지의 연구 결과에 따르면, 인간은 생각과 개념을 시간으로 옮길 수 있는 유일한 존재다. 우리는 과거의 경험을 바탕으로 현재 상황을 판단하고, 우리 머릿속에만 존재하는 미래를 위해 노력한다. 이 놀라운 추상화 능력은 우리가 '진보'라고 부르는 모든 것을 이루어냈다. 때로는 그 추상화 능력이 너무 낙관적이기는 하지만 말이다. 달이 지구 주변을 돌고 있고 로켓의 도움으로 지구의 중력에서 벗어날 수 있다는 사실을 이해했다는 이유만으로 달나라 여행은 실현 가능한 선택이 될 수 있었다. 그리고 우리가 달에 발을 믿는 모습을 상상할 수 있다는 이유만으로 달나라 여행에 대한 열망이 생겨났다. 과거의 경험과 미래에 대한 상상은 인간에게 이토록 강력한 원동력이다.

하지만 여기에서도 그 이면에 주의해야 한다! 미국의 천재 작가 마크 트웨인Mark Twain은 "모든 인간은 달과 같아서 어느 누구에게도 보이지 않는 어두운 면을 가지고 있다."라는 말을 했다. 정말로 훌륭한 비유가 아닐 수 없다. 사실 우리가 가진 이 추상화 능력과 상상력에는 어두운 면도 존재한다. 그래서 때론 그 능력이 우리를 잘못된 길로 이끌기도 한다. 우리가 서로 대화하고 서로를 이해하려는 노력에 매우 좋지 않은 영향을 미치는 것이다. '과거의 경험'에 따라 모든 일을 판단하고 '미래에 대한 상상'으로 잘못된 결정을 내려버린다. 이러한 태도는 '지금 여기'에서만 일어나는 우리의 상호작용에 매우 위험할 수밖에 없다. 따라서 과거 및 미래로의 상상 속 시간 여행이 우리의 소통에 어떤 악영향을 미치는지, 그리고 이러한 영향에서 벗어나려면 무엇을 어떻게 해야 하는지 살펴볼 필요가 있다.

과거의 경험은
아직 지혜가 아니다

앞서 살펴본 바와 같이 우리는 과거의 경험을 기준으로 현재의 일들을 평가한다. 그리고 이는 우리의 생각을 구조화하고 뇌에 일관성을 제공한다. 스위스의 정신과 의사 칼 구스타프 융Karl Gustav Jung은 "생각하는 것은 어렵다. 그렇기 때문에 사람들은 판단을 내린다."라고 다소 냉소적으로 말한 바 있다.

실제로 판단은 일반적으로 생각의 불확실성을 종식시킨다. 하나의 문제가 해결되면 우리 뇌는 평온한 상태로 돌아온다. 우리 뇌는 태생적으로 에너지를 절약하려고 하기 때문에 늘 평온한 상태를 추구하려고 한다.

다시 말해 뇌는 생각할 수 있지만, 가능한 생각하지 않으려고 한다. 그래서 우리는 우리가 경험한 일을 기준으로 다른 사람에 대해 판단을 내리고, 그로부터 얻은 교훈과 해당 인물을 우리 머릿속의 큰 괴상한 인형극에 등장시켜 분류한다. 이를테면 악당이나 할머니, 경찰관, 악어와 같은 역할로 나누는 것이다. 그래서 앞에서 살펴보았듯이 판단에 의존하는 것은 양날의 검과 같다. 한편으로는 도움이 되지만 다른 한편으로는 해결책을 찾거나 더 발전하는 데 방해가 되기도 한다.

우리는 경험이 단순히 '과거에 일어난 일'이라고 믿는다. 하지만 그렇지 않다. 그것은 '과거 자신의 인식 세계에서 경험한 것'이다. 그 둘은 전혀 다른 의미다.

우리가 경험을 이야기의 형태로 담아낼 때 그것은 일종의 지팡이와 같은 역할을 한다. 하지만 이 지팡이를 실제 현실이라는 지면과 연결해주는 다리와 혼동해서는 안 된다. 경험은 중요한 깨달음을 준다. 그러나 그 경험들을 적절한 위치에 분류했을 때만 지혜가 될 수 있다.

이러한 사실이 주변 사람들과 소통할 때 어떤 의미를 지닐까? '지금 이 상황'이 어제와는 다른 상황이라는 것, 그리고 '지금 이 사람'도 어제와는 다른 사람이며, 우리 자신도 마찬가지라는 사실을 받아들여야만 실제로 의미 있는 교류를 시작할 수 있다.

반대로 우리가 과거에 내린 판단을 아무런 검토 없이 현재로 그대로 끌고 온다면 확증 편향 Confirmation Bias, 즉 우리의 판단에 편파적으로 사로잡히는 현상 때문에 우리는 그 판단을 확인해주는 정보만 찾게 될 것이다. 그러면 현재를 자신의 과거, 그것도 매우 개인적인 과거로 끌고 간다. 그 과거는 상대방이 알지도 못하고 살지도 않는 영역이다.

요약하면, 우리의 경험에 대한 인식과 판단은 미래를 예측할 수 있게 해준다. 하지만 나의 경험은 주관적이고 개인적이며 나의 판단은 다른 사람들에게는 아무 의미가 없다는 사실을 기억해야 한다. 내가 정말로 무엇을 말하고 싶은지 분명하게 인식하는 것이 중요하다. 그것은 어떤 사건이나 경험에 관한 것인가, 아니면 나의 판단에 관한 것인가?

판단을 삭제하라

당신은 오늘 무엇에 집중하고 있는가? 지금 이 순간 당신에게 가장 중요한 것은 무엇인가? 그 주제를 적은 후 깊이 생각해보라.

- 이 주제와 관련하여 과거에 내가 경험한 것은 무엇인가?
- 그 경험을 통해 나는 무엇을 얻을 수 있는가?

이제 당신의 경험에 대한 '판단'을 담고 있는 모든 문장을 삭제하라. 어떤 문장이 남아 있는가? 남아 있는 문장들은 우리가 인식한 경험과 사건들이다. 당신은 이에 대해 다른 사람들과 이야기할 수 있다. 절대적인 진리가 아닌, 당신이 얻은 지극히 개인적인 교훈으로서 말이다.

> **미래는
> 나의 머릿속에만 있는 시간이다**

    만약 당신이 지금 미래로의 도피를 꾀하고 있다면 무척 실망스럽게 들리겠지만 우리는 결코 미래에서 살 수 없다. 그런데도 많은 사람이 미래에 집착하곤 한다.
    인간이 기본적인 생존 투쟁에 매달리던 시절에는 미래를 내다볼 필요성이 거의 없었다. 삶의 보금자리를 다른 곳으로 바꿀 수 있는 가능성이 희박했기 때문이다. 하지만 현대 사회에서는 상황이 달라졌다. 오늘날 우리는 소비재나 지위 측면에서 더 많은 것을 성취할수록 앞으로의 시간에 더 집중하는 삶을 살게 되었다.

이는 희망의 원리와 관계가 있다. 즉 우리는 상황이 나아질 가능성이 보이는 순간, 희망을 갖게 된다. 지금 충분히 좋더라도 말이다. 우리는 더 성공하고 싶고, 더 부자가 되고 싶고, 더 날씬해지고 싶고, 더 탄력 있고 싶고, 더 바람직해지기를 원한다.

오늘날 소비재 산업 전체는 이러한 희망을 바탕으로 이익을 얻으며, 매일 우리에게 미래에 대한 새로운 약속을 제공한다. 새 크림은 우리 피부를 더 매끄럽게 만들고, 투자 펀드는 우리의 지갑을 더 두툼하게 만들며, 피트니스 클럽은 우리 몸을 더 날씬하게 만든다. 이러한 약속 중 실제로 지켜지는 것이 거의 없다는 사실은 전혀 중요하지 않다. 왜냐하면 우리 뇌는 행복에 관해서는 앞서서 반응하기 때문이다. 말하자면 우리가 더 나은 미래에 대한 '희망'을 꿈꾸는 것만으로도 몸 안에서는 행복 호르몬이 분비된다. 그 희망이 이루어지지 않을 수도 있다는 사실은 현재에서는 중요하지 않다.

복권은 폐지로 만든 가장 무의미한 생산품 중 하나다. 당첨 가능성은 아주 미미하다. 하지만 솔직히 말해서 요행으로 엄청난 부자가 될 수 있다는 상상만으로도 수백만 명의 사람들에게는 그 값을 기꺼이 지불할 만한 가치가 있다. 그들은 자신이 당첨되지 않으리라는 것을 이성적으로는 알고 있다. 그러나 적은 금액으로 잠깐이나 마 커다란 희망을 품을 수 있는 것은 그 자체로 아주 좋은 투자가 된다.

여러 연구에 따르면 복권 당첨자는 처음에는 큰 행복감을 느끼지만, 이 행복감은 약 1년 후면 다시 원래의 행복 수준으로 돌아간다고 한다. 불행도 마찬가지다. 예를 들어 사고를 당해 갑자기 하반신 마비가 된 사람들도 1년이 지나면 예전 수준의 행복으로 돌아왔다. 물론 두 경우 모두에서 예외가 존재하기는 한다. 하지만 복권 당첨이나 사고 이외의 다른 요인이 행복이나 불행에 결정적인 역할을 했을 가능성이 매우 크다.

우리 뇌는 우리 자신을 보호하기 위해 끊임없이 이렇게 경고한다. '호랑이 꼬리를 잡아당기지 마라. 그렇지 않으면 조만간 호랑이를 정면에서 마주해야 한다.' 일반적으로 경고는 언제나 미래를 향해 있으며, 그래서 때로는 너무 늦어버린 메시지가 되고 만다.

하지만 여기에는 함정이 숨어 있다. 우리가 끊임없이 경고를 주시하다 보면 막연히 미래를 두려워하게 된다는 것이다. 우리가 살아보지도 않은 시간을 두려워할 필요가 있을까? 우리가 두려워해야 할 유일한 것은 두려움 그 자체다. 왜냐하면 두려움은 우리가 오늘, 지금 여기, 지금 이 순간 경험하는 것이기 때문이다. 그리고 바로 이 순간, 우리는 살아 숨 쉬고 서로 이야기를 나누고 있다.

지금 이 순간이야말로 과거와 미래 사이, 후회와 두려움 사이의 시간이다. 그리고 우리가 대화할 수 있는 안전한 곳이다.

지금 이 순간에 집중하는 법

 '지금'은 언제를 의미할까? 엄밀히 말하면 지금 이 순간이다. 지금 이 순간은 한없이 짧고 순식간에 지나간다. 그 뒤에 오는 '새로운 지금'도 이미 과거가 된다. 말하자면 우리 삶은 눈 깜짝할 사이에 지나가는 짧은 시간에 불과하다. 아니 그보다 더 짧다!

 그렇다면 왜 지금이 그토록 중요한 걸까? 우리가 살아가는 유일한 순간이기 때문이다. 우리 삶의 다른 모든 순간은 이미 지나갔거나 아직 오지 않았다. 우리는 지나간 일을 후회하거나 앞으로의 일을 미리 걱정하면서 이 사실을 너무 자주 잊어버린다. 그러나 우리가 실제로 무언가를 할 수 있는 순간은 언제나 단 한순간뿐이다. 튀르키예의 영상 제작자 기젬 쿠루Gizem Kuru는 우리에게 다음과 같은 놀라운 가르침을 전달해준다. 당신의 인생에 어떤 문제가 있는데 이를 해결하기 위해 아무것도 할 수 없다고 느끼는가? 무엇 때문에 두려워하는가? 두려움을 막기 위해 무엇이라도 할 수 있는가? 만약 그렇다면 두려워할 이유가 전혀 없다!

당신 앞에 야구 방망이로 당신을 마구 때리려고 하는 사람이 서 있다고 상상해보라. 그 사람이 왜 그러는지에 대한 이유는 이 예시에서 중요하지 않으므로 제쳐두기로 하자. 당신의 두개골 안전을 위해 중요한 사실은 상대의 공격을 막기 위해 당신이 행동을 취할 적절한 시점이 단 한 번 있다는 것이다. 그 순간은 바로 공격자가 방망이를 휘두르기 시작해서, 방망이가 가장 높은 지점에서 잠시 멈춰 있는 찰나다. 그 순간에는 방망이에 에너지가 없기 때문에, 이때가 공격을 막기 가장 좋은 시점이다. 그 이전에는 어떻게 해도 그를 막을 수 없고, 그 이후에는 고통을 피할 수 없다.

'지금'에 온 것을 환영한다! 지금이라는 이 순간이 이론적으로는 아무리 짧다 해도 우리는 이 순간을 얼마든지 늘릴 수 있다. 아이와 신나게 놀아주는 시간, 사랑하는 사람과 사랑을 나누는 시간, 음악을 들으며 흠뻑 빠져 있는 시간, 이 순간들은 우리가 지금 이 순간을 강렬하게 느끼며 살아가는 시간이다. 과거를 돌아보거나 미래를 꿈꾸지 않고 오롯이 지금 존재하는 현재의 순간이다.

어린아이들은 온전히 지금 이 순간을 살아가며, 나이가 들수록 이 완벽한 놀이터를 떠나 불안한 부모들이 '삶의 진지함'이라고 부르는 것에 대해 생각한다. 삶의 진지함에는 미래에 대한 희망과 두려움, 과거에 대한 후회가 자리 잡고 있다. 하지만 아이들은 그런 바보 같은 짓을 하지 않는다. 또한 동물들도 여행이나 산책, 먹이, 번식 행위 등을 미리 계획하지 않으며, 그저 끌리는 곳으로 이동하고 잡히는 것을 먹으며 미래에 대한 생각이나 기약 없이 번식한다. 말하자면 동물은 현재에 살고 있다.

그렇다고 이를 아무 계획 없이 방황하라는 말로 오해해선 안 된다. 내 말은 소통을 하는 데 있어 과거나 미래의 부담으로부터 벗어나 현재를 더 중요하게 인식해야 한다는 뜻이다. 우리는 누군가와 이야기를 나눌 때 종종 그 상황의 핵심 요소, 즉 자기 자신과 대화 시점, 대화 상대를 잊어버리곤 한다. 이는 무척 불행한 일이다. 결국 소통 상황에서 가장 중요한 것은 '나는 지금 너와 이야기하고 있다'는 것이기 때문이다.

소통이 이루어지려면 우리는 현재에 존재해야만 한다. 즉 오직 지금 이 순간과 상대를 향해 주의를 집중해야 하며, 과거의 흥분이나 미래에 대한 두려움에 사로잡히지 말아야 한다.

제10장

당신도 따뜻하게 대화할 수 있습니다

감성지능적 소통을 위한 대화의 원칙

이제 감성지능적 소통 세계로의 여정을 끝마칠 시간이다. 당신은 지금 어떤 감정을 느끼는가? 부디 여러 깨달음을 얻고 소통을 위한 유용한 도구들을 발견했길 바란다. 어쩌면 당신은 그간 자신이 어떤 소통의 함정에 빠져 있었는지 혹은 반대로 오랫동안 다른 사람들과 소통을 하면서 정말 잘해온 부분이 무엇이었는지 알게 되었을 것이다.

당신은 이제 중요한 시점에 와 있다. 즉 오래된 대화 습관을 버리고 그간의 잘못됐던 소통 전략을 바꾸기 위해, 그리고 가장 중요하게는 주변 사람들과 새로운 방식으로 제대로 대화하기 위해 어떤 조치를 취할지 결정해야 할 때가 왔다.

나는 이 책의 서두에서 '나도 대화를 제대로 하지 못한다'고 이야기한 바 있다. 그러니 완벽을 추구하려고 노력하지 마라. 당신의 마음속 동기를 따르고, 자기 성찰과 작은 실천에서 변화가 이미 시작된다는 사실을 기억하라. 당신의 호기심을 불러일으키고 당신이 가치 있다고 생각하는 바로 그 일을 추구하라. 원한다면 당신에게 자극을 줄 수 있는 다음의 질문들을 활용할 수 있다.

- 이 책을 읽으면서 '아하! 그렇구나'라고 느낀 가장 중요한 사실은 무엇이었는가?
- 어떤 연습이 당신에게 가장 어려웠는가?
- 이 책의 어느 구절을 소중한 사람과 공유하고 싶은가?

이제 마지막으로 감성지능적 소통을 위한 여덟 가지 말하기 도구와 여섯 가지 대화의 원칙을 다시 정리해보고자 한다. 각 도구를 당신의 경험과 목표를 배경으로 생각해보고, 이를 대화에 그리고 당신 삶에 어떻게 적용할 수 있을지 생각해보라.

감성지능적 대화를 위한 여덟 가지 말하기 도구

1. 감정: 소통은 이성이 아닌 감정에 좌우된다.
2. 상냥함: 진정한 소통은 투쟁-도피 반응이 일어나지 않을 때만 가능하다.
3. 관련성: 사람들은 자신에게 와닿는 정보만 받아들인다.
4. 욕구: 욕구 충족의 가능성은 협력의 가장 중요한 원동력이다.
5. 서사: 오해는 다른 사람의 인식을 가정하는 것에서 비롯된다.
6. 눈높이: 위계적인 구조에서는 성공적인 소통이 이루어지기 어렵다.
7. 침묵: 할 말은 아끼고 상대의 말을 잘 듣는 능력은 자기 말을 전달하려는 의지만큼이나 중요하다.
8. 현재: 성공적인 소통은 오직 '지금, 여기'에서만 이루어질 수 있다.

원칙 1. 대화는 우리의 기본 욕구다

이쯤에서 '우리가 대화를 하는 근본적인 이유는 무엇인가?'라는 질문을 다시 한번 생각해보도록 하자.

우리가 서로 대화하는 이유는 인간이 정보 교류에 실존적으로 의존하기 때문이다. 우리는 인간의 가장 중요한 두 가지 기본 욕구, 즉 자율성과 유대감을 충족하기 위해 정보를 필요로 한다. 삶을 자유롭게 꾸려가는 데 필요한 결정들을 내릴 수 있는 근거가 되는 정보 그리고 공동체 안에서 다른 구성원들이 어떤 생각과 행동을 하는지에 대한 정보 말이다.

두 경우 모두에서 사실적인 정보(시각, 기상 조건, 중력)보다 감정적인 정보(너는 나를 사랑하는가? 너는 만족스러운가?)가 더 중요하다. 하드 팩트 Hard Fact(객관적이고 측정 가능한 사실 ― 옮긴이)든, 소프트 팩트 Soft Fact(주관적이고 감정적인 정보 ― 옮긴이)든, 우리는 사람을 통해서만 정보를 얻을 수 있다. 그리고 그 사람들 역시 우리와 마찬가지로 매우 감정적인 존재다.

따라서 우리의 가장 중요한 욕구를 충족시키려면 서로 제대로 대화해야 하고, 높은 수준의 감성지능으로 훌륭하게 대화 작업을 통제해야 한다. 그렇지 않으면 우리는 제대로 대화하지 못한다.

원칙 2. 모든 대화에는 책임이 따른다

'인간은 소통하지 않을 수 없다'는 파울 바츨라빅의 말을 기억하는가? 우리는 이렇게 소통을 하면서 관계의 변화를 겪고 우리 자신의 변화 또한 겪는다. 나아가 우리 뇌도 각각의 소통에 따라 변화한다. 우리는 자신의 세계관을 변화시키는 정보를 얻기도 하고, 사랑에 빠지거나 트라우마를 겪기도 한다. 가능성의 스펙트럼은 엄청나게 넓다. 소통을 하며 아무 일도 일어나지 않을 가능성은 거의 없다. 만약 우리가 서로 감정적으로 영향을 미치지 못하거나 우리가 말한 내용이 서로 관련성이 없다면, 사실상 소통이 이루어지지 않은 것이다.

    서로 대화가 통한다면, 서로의 감정이 와닿고 서로에게 할 말이 있다면, 우리 뇌는 접촉 지점과 정보, 우리의 반응을 뇌의 '경험 저장고'에 추가한다. 그렇게 대화는 학습 경험이 되고, 나아가 우리 뇌를 구조적으로 변화시키는 상호작용이 된다. 우리 뇌가 가진 이러한 신경가소성은 정말 마법과 같은 일이라고 할 수 있다! 인공지능이 매력적이라고 느끼는 사람은 자연 지능 NI, Natural Intelligence 에 대해 한번 깊이 생각해보길 바란다.

    감성지능적 소통에서의 핵심은 대화 상대에 대해 서로 책임감을 가지는 것이다. 나와 대화 상대와의 관계는 우리 주변 사람들에게도 영향을 미친다. 즉 우리가 서로 대화할 때, 이는 나와 대화 상대의 문제일 뿐만 아니라 우리 모두의 문제다.

원칙 3. 대화는 눈을 마주치면서 시작한다

우리는 서로 '관계'를 만들 수 있도록 소통해야 한다. 그렇지 않으면 유대감이 형성되지 않는다. 그리고 나와 너의 관계를 관심의 중심에 두지 않으면 유대감을 향한 욕구를 충족시킬 수 없다. 소셜 미디어에서 팔로워를 아무리 많이 모아도 유대감이 생겨나지는 않는다. 팔로워는 말 그대로 팔로우하는 사람일 뿐, 그 사람이 누구인지 제대로 알지 못하며 그 사람의 눈도 보지 못하기 때문이다. 소셜 미디어에서는 데이터 채널만 있을 뿐 유대감이 존재하지 않는다.

만약 당신이 어떤 사람과 유대감을 가지길 원한다면, 당신은 그 사람의 정서적 삶 안으로 들어가는 손님이 되어야 하며, 이때 절대 빈손으로 가서는 안 된다. 감정적으로 효과적인 선물, 이를테면 미소나 행복한 생각, 좋은 추억 등을 준비해야 한다. 대화 상대를 위해 당신이 '좋은 무언가'를 준비하고 있다는 신호를 보내라. '나는 너에게 좋은 사람이다'라는 메시지를 주고받을 때에만 우리는 유대감을 형성할 수 있다. 우리 뇌는 뛰어난 뇌 동기화(서로 다른 두 사람의 뇌 활동이 동시에 일어나며 조화를 이루는 현상 ─ 옮긴이) 능력을 지니고 있음을 기억하라. 80억 명의 호모 사피엔스는 유대감에 대한 욕구로 연결되어 있다. 우리가 서로에게 친근하게 다가가 눈을 마주치기만 하면, 그 순간 이미 대화가 시작된다!

유대감은 비언어적 차원에서도, 즉 우리가 의식하지 못하는 사이에도 생겨날 수 있다. 우리가 상대에게 온전히 주의를 기울이면 우리 뇌 속의 거울 뉴런은 상대의 표정과 자세, 목소리를 서로 비춰 보기 시작한다. 심리학자이자 상담가인 베아테 피체Beate Fietze는 이 과정을 '함께 스윙 댄스를 춘다'라고 설명한다. 나는 그녀가 쓴 이 표현이 매우 정확하고 아름다운 관찰이라고 생각한다. 소통은 상대를 조작의 대상으로 삼기보다는, 모든 인격체가 일종의 춤을 추면서 대화를 통해 서로 조화롭게 움직이는 것이기 때문이다.

이러한 춤을 추려면 신뢰가 필요하다. 우리는 서로에게 마음을 열고 서로 가까워져야 한다. 경계를 침범하거나 서로의 발끝을 밟아서도 안 된다. 친밀감의 측면에서 보면 스윙 댄스는 매혹적인 탱고로 발전할 수도 있다. 그리고 바로 그때 대화는 소통을 넘어 감동 그 자체가 된다.

원칙 4. 모든 대화는 결국 일대일이다

　수천 명의 사람들 앞에서 연설하거나 TV 방송에 나가 인터뷰를 해야 할 때, 또는 동료들에게 프레젠테이션을 해야 할 때, 대부분의 사람은 긴장을 한다. 우리는 이러한 도전을 굉장히 중요한 '소통 과제'로 인식한다. 반면 일상에서 하는 수많은 대화는 '그냥 한 사람과 말하는 것뿐이잖아!'라는 식으로 무책임하고 가볍게 여긴다. 잘못된 의사소통으로 한 사람과의 관계가 위험에 빠질 수 있다는 사실을 무시한 채 말이다. 그러면서 '뭐, 모든 사람을 다 얻을 수는 없지!'라는 말과 함께 어깨를 으쓱하고, 서둘러 자기를 합리화하는 이야기를 만들어낸다.

　많은 사람이 이러한 부주의 때문에 가족이나 연인, 부부 관계에서, 또는 직장에서 부수적인 피해를 본다. 언어 폭력처럼 명백한 폭력이 아니더라도, 단지 존중하는 마음이 부족한 것만으로도 관계에 큰 지장을 초래할 수 있다. 하지만 안타깝게도 여전히 '대화가 필요하다'는 과제에 주의를 기울이는 사람은 너무나도 적다.

　소통에는 오직 네 가지 차원만 존재한다. 바로 나, 너, 우리, 다수다. 나와 너, 우리는 서로를 기반으로 형성된다. 나와 너는 우리를 이룬다. 그 이상이면 다수다. 이게 전부다.

　다시 말해 두 사람, 두 개의 뇌, 두 개의 마음 사이의 대화가 모든 소통의 핵심이다. 수백만 명이 읽는 베스트셀러도 결국 저자와 독자 간의 조용한 대화, 즉 수백만 건의 일대일 대화라 할 수 있다. 저녁에 침대에 누워 J. K. 롤링 J.K. Rowling 과 함께 아니면 스티븐 킹 Stephen King 과 함께 이야기를 나눈다고 상상해보라. 얼마나 재미있겠는가! TV 쇼나 무대 공연도 결국에는 예술가와 개별 시청자 사이의 대화다. 그들은 우리 각자에게 각기 다른 방식으로 감동을 준다. 그리고 그들이 들려주는 이야기는 우리 각자의 삶을 배경으로 한 우리 각자의 이야기가 된다.

　여러 사람이 동시에 같은 말을 듣고 같은 이미지를 보더라도 전혀 다른 이야기를 인식할 수 있다. 각각의 소통이 별개의 상황이고, 별개의 소통이기 때문이다. 이게 무슨 말이냐고? 당신은 이 사실을 소파에 앉아 편안하게 확인할 수 있다. 영화 한 편과 다른 사람만 있으면 된다.

> **우리는 같은 영화를 보고 있는가?**
>
> 배우자(혹은 가까운 사람)와 함께 영화 한 편을 감상하라. 영화가 끝난 후 영화에 대해 이야기하는 대신, 각자 어떤 부분이 감동적이었는지, 무슨 생각이 떠올랐는지, 그 영화가 각자에게 어떤 의미인지 적어본다. 그리고 메모를 옆에 놓아둔다.
> 이제 영화에 대해 서로 의견을 나누면서 어떤 점이 감동적이었는지, 어떤 점이 의미가 있었는지 함께 이야기해보자. 그런 다음 각자의 반응을 함께 비교해보라. 각자 영화에서 감동을 받은 부분이 매우 다를 수도 있지만, 분명히 몇 가지 공통적인 부분을 확인할 수 있을 것이다. 그 이유는 우리가 대화할 때 언제나 공통점을 찾는 존재이기 때문이다. 생각을 교환하다 보면 금세 공통된 감정이나 감동을 공유하기 시작한다.

이를 관계의 삼각형Beziehungsdreieck이라는 말로 표현하기도 하는데, 아마도 당신에게는 아직 생소한 개념일 것이다. 이를 그림으로 그려보면 다음과 같다.

당신(나)과 상대(너) 사이의 관계가 있으며 당신과 영화 사이의

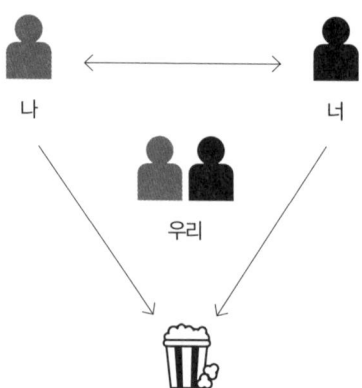

관계, 상대와 영화 사이의 관계도 존재한다. 그리고 '우리'는 이 세 가지 관계로 이루어져 있다. 소통의 관점에서 말하자면, '우리'는 그 자체로 실체가 있는 것이 아니라 이 개별적인 관계의 총합이다.

원칙 5. 휴대전화를 끄고 상대와 눈을 마주쳐라

　대화가 단순히 말소리 이상의 의미를 가지려면 대화 상대에게 온전히 주의를 기울여야 한다. 즉 휴대전화를 끄고 머릿속의 다른 생각을 멈추고, 상대와 눈을 마주치고 상대가 나에게 영향을 미치도록 해야 한다.

　이러한 점에서 주의집중 훈련과 명상은 성공적인 감성지능적 소통에 크게 기여할 수 있다. 이를 위해 굳이 둥글게 앉거나 향초를 피울 필요는 없다. 명상은 마음을 위한 훈련일 뿐이다. 그러니 대화 상황에서 주의를 집중하는 훈련을 해보도록 하자.

명상으로서의 대화

먼저 자기 자신에게 집중하는 것부터 시작한다.

- 휴대전화를 끈다.
- 나는 편안하게 앉아 있는가?
- 나는 긴장이 풀린 상태인가?
- 다른 모든 주제는 잠시 멈추라고 자신에게 말한다. 오직 현재의 대화에만 집중한다.

그런 다음 대화 상대에게 주의를 기울여라.

- 우리는 대화하기에 적합한 장소에 있는가?
- 상대는 편안해 보이는가?
- 상대는 웃고 있는가?
- 상대의 자세가 나를 향하고 있는가?
- 나는 상대에게 어떤 감정적 자극을 주고 싶은가?
- 상대와 눈을 마주쳐라.

그저 관찰할 뿐, 해석하지 말고, 무엇보다도 판단하지 말라. 그렇게 할 때 좋은 대화를 시작할 수 있다.

감성지능적 소통을 위한 다른 말하기 도구들과 마찬가지로 집중력은 연습과 반복을 통해 습관으로 만들 수 있다. 우리는 매일 주변 사람들과 대화를 나눈다. 이러한 대화 하나하나가 우리의 소통 능력을 훈련하는 기회가 될 수 있다. 그것도 상대방에게 그들이 훈련의 대상이 되었다는 느낌을 전혀 주지 않으면서 말이다. 오히려 그 반대다! 대화 상대는 당신이 그에게 온전히 주의를 기울이는 것을 보고 무척 고마워할지도 모른다. '말할 때 상대방에게 주의를 기울이는 건 너무나 당연한 일이잖아'라는 생각이 드는가? 당신 말이 옳다. 하지만 우리 대부분이 그렇게 하지 못한다는 게 문제다.

오늘날 우리는 너무 많은 방해 요소에 노출되어 있고, 멀티태스킹이 가능하다는 신화에 빠져서 한 가지 일에 집중하는 경우가 거의 없다. 아무리 중요한 일이라도 말이다. 멀티태스킹이 잘 되는 것 같은 느낌도 사실은 뇌가 만들어낸 환상에 불과하다.

불교 철학에서는 이러한 주의력 부족을 '원숭이 마음'Monkey Mind이라고 표현한다. 인간은 누구나 나뭇가지를 이리저리 건너다니는 원숭이처럼 생각이 왔다 갔다 하는 경향이 있다. 우리가 이 생각들을 단단히 부여잡지 않는 한, 생각은 끊임없이 한 주제에서 다음 주제로 넘어간다. 우리가 한 가지 일에 온전히 집중할 때 비로소 원숭이는 철학자가 되어 나뭇가지에 차분히 앉아 상황을 깊이 있게 관찰할 수 있게 된다.

그러므로 어려운 소통 상황에 처했을 때, 이를테면 앞으로의 행복을 결정할 정도로 엄청난 내용을 담고 있는 대화나 팀 회의, 연설, TV 인터뷰 등을 하기 전에 당신 뇌 속의 원숭이를 차분히 길들이도록 하라.

> **뇌 속의 원숭이 길들이기**
>
> 편안하게 앉아서 자신의 호흡에 주의를 집중하라. 원한다면 눈을 감아도 좋다. 처음에는 호흡 수를 세거나 '들이마시고'와 '내쉬고'를 말하면서 머릿속으로 호흡 리듬을 타는 것이 도움이 될 수 있다.
> 어떤 생각이 떠오르면 그 생각을 인식한 다음 멀리 보내라. 그리고 다시 호흡에 주의를 돌린다. 생각이 구름처럼 스쳐 지나간다고 상상하면 된다.

대화에서 열린 마음을 갖는다는 말은 다른 모든 것에 대해 '일시적으로 닫힌 상태'를 유지한다는 말이다. 이를 위해 우리는 항상 대화 상대에게 눈과 귀를 열어야 한다. 앞으로 하게 될 대화의 성격과 중요도에 따라 대화를 준비하면 당신과 당신의 대화 상대 모두가 이득을 얻게 될 것이다.

특히 직장에서는 일정과 관련된 대화 말고는 대화를 하는 데 있어 아무런 준비도 하지 않는 경우가 많다. 나는 아무도 과소평가하고 싶지는 않지만 당신의 뇌가 대화 상대와 대화의 중요성을 직관

> **대화를 위한 준비**
>
> 집중하는 시간을 잠시 내어본다. 그리고 다음 질문에 답하라(글로 써보는 것이 가장 좋다).
>
> - 내가 지금 대화하는 이 사람이 왜 나에게 중요한가?
> - 이 사람은 나에게 어떤 의미인가?
> - 나는 이 사람에 대해 무엇을 알고 싶은가? 우리 관계에 중요한 무엇을 그에게 말하고 싶은가?

적으로 상기시켜줄 확률은 거의 제로에 가깝다. 그러므로 당신 스스로 의식적으로 이 작업을 수행해야 한다.

원칙 6. 좋은 대화에는 몰입의 순간이 있다

    누군가와 이야기를 나누다가 시간이 훌쩍 지나가는 느낌을 받은 적이 있는가? 서로에게 중요한 가치에 대해 이야기하고, 공통적으로 좋아하는 것 또는 싫어하는 것 등을 발견하고 함께 공감하며 웃다가 갑자기 몇 시간이 지나버렸다는 사실을 깨닫게 되었을 때 말이다. 우리는 깊은 만족감을 느끼는 활동에 완전히 흠뻑 빠졌을 때 이러한 경험을 한다. 심리학자 미하이 칙센트미하이Mihaly Csikszentmihalyi는 이를 '몰입'flow이라는 용어로 표현했다.

    나의 몰입 경험을 한번 예로 들어보겠다. 나는 2021년에 뇌 과학자인 게랄트 휘터 교수를 알게 되었다. 그 당시 우리는 직접 만나지도 않은 채 몇 달 동안 공동 저서인《우리는 죽는 순간까지 정보를 얻기 위해 애쓴다》를 함께 작업했다. 우리는 이전에 함께 일한 경험이 없었지만, 작업을 하면서 서로를 금방 알게 되었다. 거의 직관적으로 서로를 이해하는 듯한 느낌이었다. 우리가 각자의 담당 부분을 집필하고 서로의 글을 수정하는 과정에서 고통스러운 점은 전혀 없었다. 마치 하나의 뇌가 작동하는 것 같았다. 비판은 불쾌하지 않았고, 제안은 영감을 주었으며, 작업은 자연스러운 움직임처럼 느껴졌다. 몇 주 만에 공통된 생각 구조가 담긴 원고가 완성되었다. 이 과정은 우리 둘 모두에게 매우 고무적이고 만족스러웠기 때문에 책이 출간된 후에도 이러한 과정을 계속 이어가고 싶었다. 그리고 이러한 바람은 팟캐스트 '이것은 정보인가 아니면 버려도 되는 것인가?'Ist das Information oder kann das weg?의 제작으로 이어졌다. 우리는 이 방송에서 최신 뉴스를 선별하고 그 관련성과 영향력을 분석한다. 에피소드 제작에 걸리는 시간은 그리 길지 않다. 몇 분 정도의 사전 논의 시간만 가지면 충분한데, 매번 자연스럽게 생각에 몰입하기만 하면 된다. 휘터와의 작업은 내가 지금까지 경험한 것 중 가장 만족스러운 직업적 및 개인적 경험으로 손꼽힌다.

잘 알다시피 물은 아래로만 흐른다. 하지만 긍정적인 감정은 다르다. 긍정적인 감정은 몰입 속에서 생겨나며, 우리를 더 높은 수준의 경험으로 이끈다. 이런 경험은 무엇보다도 우리가 인지적으로 통제할 필요가 없다는 점이 특징이다. 이와 같은 몰입 경험은 대화 참여자들이 긍정적인 방향으로 함께 움직일 때에만 가능하다.

정체된 상태에서는 몰입이 일어나지 않는다. 'flow'라는 단어에서 잘 드러나듯 몰입은 움직임이다. 그리고 의지에 반하는 몰입 또한 존재하지 않는다. 몰입은 관련된 모든 사람이 긍정적인 태도를 가져야만 같은 방향으로 서로를 고무시킬 수 있다.

내가 당신에게 이런 이야기를 하는 이유는 간단하다. 나는 당신이 이러한 몰입의 순간을 많이 경험하기를 바란다. 당신은 이제 감성지능적 소통에 대해 얻은 지식을 바탕으로 앞으로의 소통에서 몰입을 극대화하는 데 필요한 모든 것을 갖추었다.

마지막으로 한 가지 꼭 기억해야 할 점은 감성지능적 소통이 간단히 익힐 수 있는 기술이 결코 아니라는 점이다. 감성지능적 소통은 한번 익히면 그때부터 모든 상황에서 능숙하게 구사할 수 있는 그런 기술이 아니다. 또한 어떤 재능이나 타고난 능력도 아니다. 감성지능적 소통은 궁극적으로 끊임없는 훈련이 필요한 자기계발의 과정이다.

나오며

나의 이야기를 넘어 우리의 이야기로

지금까지 살펴본 감성지능적 소통을 위한 여덟 가지 말하기 도구는 우리가 주변 사람들과 더 깊고, 더 강하고, 더 행복한 관계와 유대감을 성공적으로 형성하는 데 꼭 필요한 것이다. 하지만 이 도구들은 해리 포터의 마법 지팡이처럼 한 번 휘두르면 문제가 해결되는 만병통치약이 아니다. 그보다는 우리의 자기계발 여정에 반드시 가지고 가야 할 짐과 같다. 우리가 이 여정에서 영웅이 될지 말지는 우리 손에 그리고 우리가 하는 '말'에 달려 있다.

확실하게 말할 수 있는 사실은 우리가 어떤 식으로든 서로 계속 대화할 것이며, 이러한 교류가 더 쉬워지기는커녕 더 복잡해지리라는 점이다.

오늘날 우리는 말도 안 되는 수많은 소식과 나쁜 뉴스가 끊임없이 우리를 덮치는 정보의 홍수 속에 살고 있다. 세상이 점점 더 거칠어지고 있고, 주변 사람들은 배려심을 잃어가고 있으며, 우리는 이에 대해 아무것도 바꿀 수 없다는 절망감을 느낀다.

그러나 다른 한편으로 보면, 세상에는 여전히 멋진 놀라움과 긍정적인 발전이 우리를 기다리고 있다. 오늘날처럼 인류애와 연대감이 존재했던 적은 없었다. 그 어느 때보다 많은 사람이 건강한 먹거리와 교육을 누리며 평화롭게 살아가고 있다. 또한 지금처럼 서로 유대감을 형성하고 유지할 수 있는 기회를 가졌던 적은 없었다. 사람들이 일상에서 베푸는 친절의 손길은 여전히 무수히 많다. 이 두 세상은 결코 다른 세상이 아니다. 결국 세상에 대한 인식을 어디에 두느냐의 문제일 뿐이다!

내가 사는 지역에서 하늘을 올려다보면 거의 매번 착륙 준비를 하는 비행기를 볼 수 있다. 나에게 비행기는 어렸을 때부터 동경의 대상이었던지라, 나는 지금도 반짝이는 은빛 새처럼 보이는 비행기가 하늘을 날아갈 때면 설레는 기분으로 그 장면을 바라보곤 한다. 여행을 떠날 때는 가까운 공항으로 차를 몰고 가서 비행기를 탄다. 비행기는 발로 걸어서는 얻을 수 없는 풍요로움을 가져다주며, 내가 외국에서 온라인 쇼핑으로 구매한 물건들을 갖다주기도 한다. 하지만 내 이웃 중 몇몇은 항공기 소음에 반대하는 시민 단체를 설립했다. 그들은 하늘을 나는 거대한 괴물이 가까이 오는 것을 달가워하지 않는다. 그들은 자신의 평화로운 일상이 비행기 때문에 방해받는다고 느끼며, 심지어 일부는 100톤에 달하는 무거운 비행기가 자기네 순무밭에 떨어지거나 텃밭을 망가뜨릴까 봐 걱정하기도 한다. 또 어떤 사람들은 비행기에서 생겨나는 비행운이 화학 폭탄이라는 음모론에 휩싸이기도 한다.

우리 중 누구 말이 맞는 것일까? 그 누구의 말도 맞지 않다. 개인의 인식은 결코 어떤 것에 대한 완전한 그림을 제공하지 않는다. 그저 그 사람이 세상을 어떻게 이해하는지에 대한 '개별적인 이야기'를 들려줄 뿐이다. 세상을 어떻게 인식하는지는 우리 스스로 자유롭게 결정할 수 있다.

우리는 우리가 세상을 어떻게 이해하는지에 대해 스스로에게 이야기를 들려주기도 하고, 다른 사람들과 이를 공유하기도 한다. 나의 이야기가 다른 사람들에게 감동을 주면 나의 이야기는 그들 이야기의 일부가 된다. 나와 너는 작은 우리가 되고, 이야기가 더 퍼져나가면 큰 우리가 된다. 그렇게 우리가 어떤 이야기를 전할 때, 우리는 세상의 일부를 공유한다. 이 사실을 깨닫고 나면 우리가 나누는 대화와 소통이 단순한 지식의 전달 그 이상이라는 사실을 더 이상 의심할 수 없을 것이다.

당신의 말과 이야기는 당신의 자아상을 형성하고, 나아가 당신이 어떤 사람인지 알려준다. 당신은 사랑스럽고 열린 마음을 가지고 있으며 다정한가, 아니면 자기주장이 강하고 폐쇄적이며 고독한가? 당신은 타인을 탐구하고 사랑하는 사람인가, 아니면 모든 것을 알고 있다고 생각하며 타인을 지배하려 드는 사람인가?

이것이 바로 우리가 내려야 하는 결정이다. 다른 누구를 위해서가 아닌 당신 스스로를 위해서 말이다. 당신이 탐구하고 사랑하는 사람이 되기로 결정한다면 다른 사람들은 당신과 공유하는 모든 것에 호기심을 가지게 될 것이다. 그리고 당신은 대화를 통해 다른 사람들을 도울 것이다. 그들의 행복이 당신에게 가장 중요하기 때문이다.

결국 감성지능적 소통의 큰 비밀은 행복을 찾는 것에 있다. 이는 이 책(그리고 다른 모든 책)이 당신에게 알려줄 수 없는 비밀이다. 왜냐하면 이 비밀을 찾기 위해서는 당신 스스로가 자신의 흔적을 따라가야 하기 때문이다. 이 비밀을 찾기 위한 유일한 단서가 있다. 바로 주변 사람들과의 공존과 유대감에 그 해결책이 있다는 것, 그리고 우리가 서로 대화하는 방식 속에 그 답이 있다는 것이다.

출처 및 참고자료

들어가며

Goleman, Daniel: Emotionale Intelligenz. München 1997.

Watzlawick, P., Beavin, Janet H., Jackson, Don D.: Menschliche Kommunikation. Formen, Störungen, Paradoxien. Bern 2016 (1969).

제2장 대화는 머리가 아닌 마음을 쓰는 일

Obama, Barack: Ein verheißenes Land. München 2020.

제3장 친절함의 선물

Psychopathen und Narzissten in Führungsetagen: vgl. (2019): "Viele Manager leiden unter einer Persönlichkeitsstörung." In: wissenschaft.de. www.wissenschaft.de/gesell schaft-psychologie/viele-manager-leiden-unter-einerpersoenlichkeitsstoerung/ (Abrufdatum: 23.07.2024).

Ausbreitung von Emotionen: vgl. Wilkinson, David: "How our emotions influence work groups and organisations." In: The Oxford Review. www.oxford-review.com/emotions-influence-groups/ (Abrufdatum: 23.07.2024).

Präferenz für glückliche Gesichter: vgl. Wood, Matt (2016): "How the brain spots a friendly face in the crowd." In: UChicagoMedicine. www.uchicagomedicine.org/forefront/neurosciences-articles/2016/september/

how-the-brain-spots-a-friendly-face-in-the-crowd (Abrufdatum: 23. 07.2024).

Goleman, Daniel: Soziale Intelligenz: Wer auf andere zugehen kann, hat mehr vom Leben. München 2006.

제4장 '나와 상관없는 이야기'에서 '내 이야기'가 되려면

Gorillatest vgl. Chabris, Christopher; Simons, Daniel (2010): "The invisible Gorilla." In: The Invisible Gorilla. http://www.theinvisiblegorilla.com/gorilla_experiment.html (Abrufdatum: 23.07.2024).

Branson, Richard: The Virgin Way: Wie ich das Thema Führung sehe. Kulmbach 2015.

제6장 그럴듯한 이야기가 우리에게 말하지 않는 것

Clancy, Tom: Teeth of the Tiger. New York 2003.

Harari, Yuval Noah: 21 Lektionen für das 21. Jahrhundert. München 2021.

제7장 대화에 존중을 담아내는 법

Thich Nath Hanh: achtsam sprechen – achtsam zuhören. Die Kunst der bewussten Kommunikation, München 2019.

제8장 언어로서의 침묵

Dalai Lama: vgl. Robinson, Sir Ken (2023): "The Dalai Lama's Surprising Answer that Redefines Leadership." In: You-Tube. www.youtube.com/watch?v=scT0M4VftQg (Abrufdatum: 23.07.2024).

제9장 '지금 여기에서' 함께 대화합시다

Beurteilungen: vgl. (2018): "Gleiche Fehlerzahl – schlechtere Note". In: News4Teachers. www.news4teachers.de/2018/07/gleiche-fehlerzahl-schlechtere-note-migrationshintergrund-macht-den-unterschied/ sowie Schuster, Carolin (2019): "Wer wird denn nun bei den Noten benachteiligt – Mädchen oder Jungen?" In: The Inquisitive Mind. www.de.in-mind.org/article/wer-wirddenn-nun-bei-den-noten-benachteiligt-maedchen-oderjungen sowie (2024): "Neue Studie zur Vergleichbarkeit von Schulnoten." In: Studentenring Kiel. www.kiel.studentenring.de/nachhilfe-blog/vergleichbarkeit-schulnoten-2024/ (Abrufdatum: 23.07.2024).

Glück: vgl. dpa (2010): "Experte warnt: Freude über Lottogewinn währt nur kurz." In: Nordbayern. www.nordbayern.de/panorama/experte-warnt-freude-uber-lottogewinnwahrt-nur-kurz-1.405050 (Abrufdatum: 23.07.2024).

Jung, C. G. in: Quadbeck-Seeger, Hans-Jürgen: Aphorismen & Zitate über Natur und Wissenschaft. Weinheim 2013.

Kuru, Gizem: vgl. Gizem Kuru (2016): "Then why worry?" In: YouTube. www.youtube.com/watch?v=9YRjX3A_8cM (Abrufdatum: 23.07.2024).

Twain, Mark: Lautstärke beweist gar nichts. Respektlose Wahrheiten. Berlin 2013.

제10장 당신도 따뜻하게 대화할 수 있습니다

Csikszentmihalyi, Mihaly: Flow. Das Geheimnis des Glücks. Stuttgart 2017.

Burdy, Robert; Hüther, Gerald: Wir informieren uns zu Tode: Ein Befreiungsversuch für verwickelte Gehirne. Freiburg i. Br. 2022.